"一带一路"与中国—东盟合作发展研究

2020年第1辑

夏 飞 主编

中国财经出版传媒集团
中国财政经济出版社

图书在版编目（CIP）数据

“一带一路”与中国—东盟合作发展研究. 2020年. 第1辑／夏飞主编. --北京：中国财政经济出版社，2020.11

ISBN 978-7-5223-0150-1

Ⅰ.①一… Ⅱ.①夏… Ⅲ.①“一带一路”-国际合作-研究 ②自由贸易区-经贸合作-研究-中国、东南亚国家联盟 Ⅳ.①F125 ②F752.733

中国版本图书馆CIP数据核字（2020）第217190号

责任编辑：闫　娟　　　责任校对：胡永立
封面设计：王　颖　　　责任印制：刘春年

“一带一路”与中国—东盟合作发展研究
“YIDAI YILU” YU ZHONGGUO—DONGMENG HEZUO FAZHAN YANJIU

中国财政经济出版社 出版

URL：http：//www.cfeph.cn
E-mail：cfeph@cfeph.cn
（版权所有　翻印必究）
社址：北京市海淀区阜成路甲28号　邮政编码：100142
营销中心电话：010-88191522
天猫网店：中国财政经济出版社旗舰店
网址：https：//zgczjjcbs.tmall.com
北京财经印刷厂印刷　各地新华书店经销
成品尺寸：185mm×260mm　16开　10.25印张　177 000字
2020年12月第1版　2020年12月北京第1次印刷
定价：48.00元
ISBN 978-7-5223-0150-1
（图书出现印装问题，本社负责调换，电话：010-88190548）
本社质量投诉电话：010-88190744
打击盗版举报热线：010-88191661　QQ：2242791300

名誉顾问　　黄伟京　苏道俨

学术顾问（以姓氏笔画为序）

万俊毅　邓大松　吴崇伯　宋　则
钟昌标　桑百川　黄少安　章　元
揭筱纹　彭建刚　谢家智

编辑委员会

主任委员　　关　礼　韦春北　夏　飞
副主任委员　黄绪全　潘　慧　高进水
委　　员　　李开林　龚三乐　张建中　邓文勇　蒙　强
　　　　　　霍　宏　邓小莲　胡德期　张晓彪

主　　编　　夏　飞
副 主 编　　潘　慧
执行副主编　龚三乐　李开林

主办单位　　广西财经学院
　　　　　　广西财政学会

版权声明

本刊编辑部已同意国内外检索期刊和文献数据库摘录、收录或翻译本刊所刊发的论文，有权将本刊所刊发论文的全部或部分内容制成或委托第三方制成光盘版或在本刊及本刊合作的网站上或本刊授权的其他媒介上发表或发行。向本刊投稿是作者同意并接受本刊这一声明并自愿受其约束的真实意思表示。凡不同意被收录、摘录、转载或翻译成英文版、发行的作者，请在来稿时书面声明。

目录

“一带一路”发展

中国—东盟合作

财税研究

区域经济

高教研究

“一带一路”发展

“一带一路”背景下西北五省区省会城市营商环境发展与研究*

王德振　布娲鹣·阿布拉

（新疆农业大学　经济与贸易学院，新疆　乌鲁木齐　830052；
玉林师范学院　商学院，广西　玉林　537000）

摘　要：通过综合梳理国内外多家机构和专家营商环境评估的算法，结合中国的国情，对五省区省会城市的营商环境进行分析和研究，分析各指标、指数及排名。探索出西北五省区省会城市与中东及沿海城市的差距，找出短板，认清方向，再通过“一带一路”可以把世界连接起来，通过贸易畅通，互通有无，在发展西北五省区的同时共同促进沿线各国的经济增长。

关键词：营商环境　“一带一路”　西北五省区　指标排名

［中图分类号］F71　**［文献标识码］**A　**［文章编号］**（2020）01－0001－14

自中国共产党召开十八大以来，上自党中央、国务院，下到省市县各级政府都高度重视打造与世界接轨的营商环境，逐步优化营商环境，为打造建设适应社会经济发展的市场化、法治化、国际化的营商环境，各级政府单位企业都做出了一系列关于持续优化营商环境、提高综合竞争力配套政策和相关调整。习近平总书记指出，“营商环境只有更好，没有最好”，要“以优化营商环境为基础，全面深化改革”。党的十九大报告提出：中国特色社会主义已经迈进了一个崭新的时代。在新时代，中国社会主要矛盾已经转化为人民日益增长的美好生活需要和不平衡不充分的发展之间的矛盾。“不平衡不充分的发展”实事求是的发展判断

*［作者简介］王德振，男，新疆农业大学经济与贸易学院博士研究生，玉林师范学院商学院讲师，研究方向：农林经济与管理；布娲鹣·阿布拉，女，新疆农业大学新疆经济社会发展研究中心主任，新疆农业大学经济与贸易学院副院长、教授、博士研究生导师，本文通信作者，研究方向：农林经济与贸易。

关系到政治、经济、社会和文化等诸多维度和方面。其中，要促进经济的各方面平衡发展需要有良好的营商环境作为支撑。

一、如何理顺营商环境和各种要素的关系

李克强总理在2018年11月28日召开的国务院常务会议中指出：要持续不断推进“放管服”改革，同时重视从不同的侧面优化营商环境，促进高质量发展。同时提出对营商环境进行定期的测度评估，且评估的标准要对标世行，这也是新时代的新要求。目前，营商环境研究领域内传播最为广泛的是世界银行每年发布的《全球营商环境报告》（Doing Business），该报告设计出一个系列的营商环境评价指标体系，对世界各国企业的营商环境进行了评价。在世界银行的《2019年营商环境报告》中，中国的综合营商环境在国际上的排名较2018年提升32位，提升幅度较大。

近些年来，国内关于营商环境的研究和关注慢慢多了起来，涉及各个层次、各个方面、各个维度，但多数是针对中国的（王小鲁等，2017）省会城市、直辖市、计划单列市等主要城市（任颋等，2017）营商环境进行某些方面的评估。然而，至今营商环境研究依然没有系统化，各个机构、高校院所各自为战，必然不能全面反映中国现阶段营商环境发展的真实状况。汇总各方面的统计资料和信息可以看出主要存在以下不足和欠缺：一方面，世界银行历年系列报告的研究主要囿于政府的政策、制度对中小企业经营发展的影响，忽略了营商环境只是影响企业经营的各种外部环境与因素的综合体，还应该包括信息与数据、金融财政、社会与自然资源、人才培养与利用模式、科学技术、人文、社会环境、中央和地方政策等因素。另一方面，2018年营商环境的研究更多地聚集于省会城市、直辖市以及经济总量比较大的计划单列市等中心城市、节点主要城市的营商环境，对于地县级中小城市，很少有采用定量数据的科学研究。

二、国内外营商环境的评估指标分析

（一）国外指标测定与评估

在国际上，对营商环境测度评估的机构较多，有世界银行的营商环境评估，也有各大评级机构（诸如穆迪、惠誉、标普、普华永道等）对营商环境的评估。

这些评估测度中最具影响力的是世界银行的历年营商环境评估报告和资料。国内研究最多的也是世界银行的评估体系。因此，有必要对世界银行的营商评估体系的构成进行简单的了解。世界银行的营商环境评估测度体系主要是对各类企业生存周期中的各种影响因素进行评估。企业生存周期包括“企业注册创办、企业规模的扩建、经营运行、破产清算”四个阶段，社会、经济、政治和法律等方面的要素在这四个阶段都会有影响和制约。世界银行的营商环境评估测度最早开始于2002年，并于2003年第一次推出了营商环境评估测度报告，涉及世界上的大部分国家和地区。截至2019年11月，已经推出了17期世界营商环境评估报告。从世界银行的营商环境评估报告来看，对营商环境的测度评估主要设定了以下指标：10个一级指标和42个二级指标。在一级指标中，包含以下10个层面和维度：开办公司企业、审批办理施工许可、获得水电许可、产权评估登记、获得信贷额度、保护中小投资者、纳税义务、跨境国际贸易、合同执行监督、破产清算办理。

（二）国内指标测定与评估

随着中国营商环境的不断变化，中国也逐渐有不同的机构单位和学者推出了具有中国特色的营商环境评估报告。从评估对象和评估范围来看，国内评估与世行有较大差异。世行仅仅是对中国的政治中心北京和经济中心上海的营商环境进行评估，以此来代表整个中国。而中国幅员辽阔，不同地区的经济、文化、社会发展水平有较大差别，营商环境也有较大差异，因此，有必要发展我们自己的营商环境评估，细化评估范围，对不同行政层级所辖区域内的营商环境进行评估。

中国对营商环境的评估起步较世行要晚。国内最早对营商环境进行评估是在2010年，且仅仅是研究人员个人对部分省份内影响营商环境的因素进行比较研究。此时的营商环境评估还仅仅是个人行为，还未上升到专业的团队和机构。到2014年才逐渐出现了专业机构对省域层面的营商环境研究。到2018年，国内相关机构和科研院所才重视对营商环境的评估，尤其是第三方评估机构和组织开始有了井喷式发展，才逐渐出现了不少专业营商环境评估机构，目前主要有中央广播电视总台、万博经济研究院、中国战略文化促进会、中国经济传媒协会、第一财经研究院、粤港澳大湾区研究院和中国社会科学院信息化研究中心等。

三、本文主要的指数计算方法

虽然经历了或者正在面临着新冠病毒疫情的肆虐，中国各省区市、地区都在参照对比国内外营商环境比较好的经验，着手优化本地区的营商环境。为了更好适应中国本地的商务与环境特征，本文借鉴中外一些比较成熟的营商环境研究方法和计量统计模型，从不同的方面、层次和维度测度中国地区营商环境的发展处于何种程度，以数字、表格和图形等不同的形式来展示中国地区营商环境的发展。

（一）营商环境指标的采用

本文主要参照万博经济研究院、中国社会科学院信息化研究中心、“十三五”规划纲要、粤港澳大湾区研究院的中国城市和地区营商环境评价指标对西北五省区和省会城市的营商环境进行分析和研究。其营商环境水平测度指标有4级测度评估指标，第一等级测度指标是西北地区城市营商环境，第二等级测度指标有6大类，即营商软环境、生态环境、商务成本环境、基础设施建设环境、市场运行环境、社会服务环境，此外还包含第三类测度指标29个，细化具体测度指标35个。

上述等级测度指标的单个指标在进行测度计算时，有的是正效能指标，也就是值越大，指数越大，有的是负效能（逆向）指标，数字越小，指数越低。比如GDP总量是正向测度指标，其总量越大，指数越高，对营商环境总测度越有利。同理，PM2.5浓度是负向测度指标，其数值越高，指数越低，对营商环境总测度越不利。同一个测度指标在不同情况和条件下，可能作为正向测度指标，也可能作为逆向测度指标，比如作为高科技人力资源激励测度指标时，工资是正向测度指标；而如果作为企业公司加工工业的劳动工资成本来测算时，工资就应该被看成逆向测度指标了。

（二）营商环境指标数据计算

对比中外营商环境测度指标选择和运用，本文选取的营商环境测度指标大类有6个方面和维度，即营商软环境（权重25%），营商市场环境（权重20%）、营商商务成本环境（权重15%）、营商基础设施环境（权重15%）、营商生态环境（权重15%），营商社会服务环境（占10%），用来测算2017年、2018年西北各省会城市营商环境指数。营商环境排名第一类的测度指标是城市营商环境，第二类测度指标即上述6类，第三类测度指标29个，细化具体测度指标35个。

每单个测度指标测量和计算指数采取去量纲化的方式，也叫数据的归一化，是通过测度指标数据计量转换来消除原始变量（测度计算指标）量纲单位的影响。无单位归一化量纲化的上下极值分别取35个城市的极大值和极小值。实际测量计算时，有的数据可能是负值，我们用0代替，这主要是避免数据出现异常结果，但不影响测度的最后排名。单个测度项正向的无量纲化计算公式为：某市

分值 =（某城市指标值 – 极小值）÷（极大值 – 极小值）。单项逆指标无量纲化计算公式为：某市分值 =（极大值 – 该市指标值）÷（极大值 – 极小值）。

以上数据来源于 2016 年、2017 年、2018 年度各省区市的统计年鉴、各城市的统计公报、各城市的环境公报，以及各省地市统计局等相关部门的统计资料。部分数据由于短期内变动不大，在数据缺失时采用 2016 年、2017 年、2018 年各城市统计年鉴的数据，进行科学插值或者根据前后数据估算，因为口径相同对指数最后得分和排名的影响不会太大。

四、西北五省区省会城市的营商环境指数及排名

西北五省区的省会依次为西安、兰州、银川、西宁、乌鲁木齐。如果单从经济数据来进行排名的话，从目前国家公布的官方数据看，西安一骑绝尘，排名第一毫无争议，乌鲁木齐排名第二，兰州排名第三，银川与西宁相差不大，不分伯仲。但从表 1 的营商环境指数及排名看，兰州不但位列五省区的最后而且在全国也是最末端，总体上来说西北五省区省会城市几乎垫底。找出西北五省区营商环境指数及排名靠后的原因，有方向地提升和改善，不但对西北五省区经济和社会发展有着重要意义，而且对整个中国及“一带一路”沿线国家的发展都有着重要的意义。

表 1　西北五省区省会城市营商环境指数及排名

城市	2018 年五省排名	2017 年五省排名	2018 年全国排名	2017 年全国排名	2018 年中国城市营商环境指数	2017 年中国城市营商环境指数
西安	1	1	11	12	0. 377	0. 505
乌鲁木齐	2	2	28	31	0. 289	0. 425
西宁	3	3	29	32	0. 271	0. 423
银川	4	4	30	34	0. 268	0. 412
兰州	5	5	34	35	0. 248	0. 403

数据来源：2016 年、2017 年、2018 年度各城市统计公报及年鉴。

五、西北五省区省会城市的营商环境二级指标构成及排名

（一）营商软环境指数折射出城市对待产业的态度

营商软环境测度指数包括多方面的，考虑数据的可得性和历年的连续性，这里仅选择开办企业、执行合同、财产登记、内外资投资增速、税负水平 5 个指标，这 5 个测度细分权重分别为 20%，前三个数据来源于世界银行的调查与筛

选。世界银行仅仅以开始创办企业公司、执行合同与否、固定资产财产登记的细分测度指标，对应于手续办理步骤数、时间长短、成本大小来测算。

如表2所示，西北五省区省会的环境指数排名表明西北地区的软环境在两年内大大改善提高（除兰州外），特别是位于丝绸之路起点的西安和位于丝绸之路核心的乌鲁木齐排名分别提高了14位和9位，说明两市产业取得了快速的发展，同时也说明了其他三个省会城市最关键的问题是调整地区产业格局，在不断提高产业发展的基础上，逐渐优化产业结构与格局分布。

表2　　　　西北五省区省会城市软环境指标、构成及排名

项目	西安	乌鲁木齐	西宁	银川	兰州
开办企业耗时—男性（天数）	43	44	51	55	47
男士开办企业成本（人均收入百分比）	15.2	9	12	12	14.1
最少支付资本（人均收入百分比）	304.8	230.2	298.7	335.8	408.7
执行合同耗时（天数）	235	392	458	270	440
执行合同的成本（标的额的百分比）	21.7	20.5	24.8	28.8	29.9
财产登记程序	8	11	8	10	10
财产登记成本（财产价值的%）	5.1	4.2	5.3	4.4	7.8
开办企业指数	0.43	0.67	0.43	0.38	0.37
执行合同	0.64	0.56	0.42	0.47	0.32
财产登记	0.72	0.74	0.64	0.7	0.39
内外资投资指数	0.76	0.71	0.46	0.44	0.77
税负指数	0.75	0.47	1	0.72	0.79
2017年软环境指数	0.660	0.629	0.591	0.542	0.529
2017年软环境指数全国名次	18	23	27	33	34
2018年软环境指数	0.415	0.247	0.170	0.152	0.084
2018年软环境指数全国名次	4	14	26	28	34

数据来源：2016年、2017年、2018年度各城市统计公报及年鉴。

（二）生态环境指数、构成及排名

2018年的西北五省区省会生态环境营商环境指数与2017年相比，测度指标具有连续性和承接性，同时也有一些新的特征。随着国家层面开始对全国的生态绿色测度指标和软环境测度指标进行大规模摸底、统计、评估和考核，2018年生态环境测度指数的空气质量权重比2017年有所增加，但也在适度范围内，相应单位面积废水排放量测度指标和绿化率测度计算权重有所下降。

生态环境测度指标也包括多方面多层次的空气健康质量合格的天数占当年的权重、建成区绿化覆盖百分率、废水排放量3个指标，权重分别为33.33%。其中，空气测度指标包括对人体健康优质优良的天气天数、PM2.5浓度测度指标，分别换算成测度指数后进行加权计算。优良天气为正效能指标，一年优良天气天数越多，正效能指数越高；PM2.5年均浓度为负效能测度指标，浓度越高，得分越低。优良天气也涉及微小粉尘、氯化物、硫化物、二氧化碳等其他污染物质，所以用这几项指标进行加权反映空气质量优良与否指数。

废水测度指标为负效能测试指标，采用地区单位面积的废水排放量来表示，单位时间内排放量越大，测度指数指标越低。建成区绿化率为正效能指标，绿化率越高，最后得分越高。

如表3所示，西安、乌鲁木齐、兰州生态测度指数比较低，与这3个省会城市产业结构过于老化有关，这几个中心省会城市仍需要加快产业结构优化与调整，逐渐与地方特色经济发展相配套。同时，冬天及早春寒冷季节取暖要加快转换使用清洁无污染能源。更重要的是西北这五市在引进外资时要注意不能以牺牲环境为代价，最后成为污染的天堂。所以西北地区不可一味地发展重工业，特别是污染产业，这些地区生态环境脆弱，首要大事是保护生态环境，发展相关的产业。如发展绿色产业，探索产业潜力，如可以在未来快速发展旅游、商贸等环境友好产业。

表3　　西北五省区省会城市生态环境指标、指数及排名

项目	西安	乌鲁木齐	西宁	银川	兰州
PM2.5浓度（微克/立方米）	71	73	49.2	54.9	54
优良天气天数（天）	192	246	271	252	243
建成区绿化覆盖率（%）	42.58	40.30	38.92	40.84	34.49
工业废水排放量（万吨）	5204	3521	2200	4874	4138
单位面积废水排放量	0.52	0.26	0.29	0.54	0.32
2017年生态环境指数	0.489	0.507	0.58	0.564	0.489
2017年五省排名	5	3	1	2	4
2017年全国排名	28	25	16	17	27
2018年生态环境指数	0.338	0.415	0.663	0.667	0.494
2018年全国排名	34	29	12	11	27

数据来源：2016年、2017年、2018年度各城市统计公报及年鉴。

（三）商务成本指数、构成及排名

商务成本测度指数不仅包括用水价格、用电价格、煤气价格、商业用地价格，而且还包括就业劳动力成本价格、国营和私营职工工资成本、房价和各层次职工的收入比等，分别计算不同地方不同层次的劳动生产要素成本。表4中的测度指标分别用2016年、2017年、2018年工业用水价格、工业用电价格、工业天然气相关价格、地方房价与收入比、城市职工年平均工资来测度计算。其中，不同城市用水、用电、用气价格各自占权重取值均为11.11%，城市地价和地方劳动力成本价格各自占权重取值均为33.33%。房价收入比是指夫妻双方按当年职工工资收入之和，需要房价收入比的年数才可以买一套当年价格的商品房。西北五省区省会城市的房价收入比都在下降。

表4　西北五省区省会城市商务成本指标、指数及排名

项目	西安	乌鲁木齐	西宁	银川	兰州
工业水价指数	0.48	1.01	0.97	0.80	0.81
工业天然气价格指数	0.71	0.76	0.88	1.00	0.61
工业电价指数	0.59	0.11	0.13	0.20	0.40
房价指数	0.96	0.96	0.92	1.00	0.91
职工工资成本指数	0.83	0.76	0.91	0.79	0.85
2016年平均房价（元/平方米）	6578.6	6311.52	5909.8	4790.04	6451.98
2016年房价收入比	9.23	9.23	10.73	7.86	10.88
2017年房价收入比	8.30	4.71	4.37	3.98	7.73
2015年全市职工平均工资（元）	63193	67617	58099	65643	62201
2016年非私营平均工资（元）	67205	72012	61875	70135	67011
2017年商务成本指数	0.835	0.769	0.830	0.820	0.789
2017年商务成本指数全国排名	4	16	5	6	13
2018年商务成本指数	0.778	0.872	0.937	0.883	0.814
2018年商务成本指数全国排名	7	2	1	3	4

数据来源：2016年、2017年、2018年度各城市统计公报及年鉴。

如表4所示，在商务成本指数中，2017年西安均取得较好位次，无论是资源价格，土地价格或是劳动力成本，西安确有优势。但需要注意的是，如果仅仅从城市地价或劳动力成本考虑，西部五省区大部分城市都比西安有优势，但西北五省区省会城市营商环境的商务成本测度指数作为一个综合性的评分测度指标，其另一个关键的考察点在于：西北五省区的地方城市经济是否具备全面的发展活力、动力与创新力。单单从这一点上看，西安的确具有不可竞争的优势。然而就西安而言，作为"一带一路"的重要节点城市和"丝绸之路"的起点城市，未来发展将具有无限可能，汉唐盛世的风采将会重现。

相对于沿海经济发达地区，大多数中西部大中城市的房价、电价水平相对较低，企业职工工资可支配收入也不是很高，比如西北五省区省会城市有的区域电价（工业电价）每度仅3角左右，但是在中东发达地区，尤其是沿海大中城市电价是这个价格的数倍甚至更多。类似的还有这些城市水的价格和用气价格，天然气价格有些西北城市每立方米仅2元多，比中东部一些经济发达沿海城市便宜数倍。另外，西北五省区一些省会城市的工资水平档次，如果参照2016年非私营机构单位等企事业平均工资测度计算，与北京和上海等一线城市只有很小的差距，这表明西北五省区劳动力成本低的竞争优势也在被蚕食，优势难再。

商务成本测度指数得分最高的是西宁，其次是乌鲁木齐、银川、兰州，这四个城市商务成本指数高居全国前四位，西安商务成本指数得分为全国第七名。这大大影响了国内外对西北地区的整体投资，同时也反映了西部的投资成本较低。

因此，要详细分析西北五省区省会商务成本指数过高的原因，各级政府要责无旁贷，从各项指标上着手，以逐渐降低商务成本为己任。

从测度计算的结果来看，相对中东部，西部五省区省会城市的工业用水价格、用电价格、用气价格偏低，这应该是情理之的事情，因为这些地区是中国主要的能源基地。西部五省区省会城市工资成本低，房价也不高。中国省会城市中只有西宁、银川、乌鲁木齐、贵阳、长春的房价位于比较低的水平。

（四）基础设施测度指数、构成及排名

基础设施测度指数，不仅包括使用城市道路面积、每年机场的吞吐量、城市供气量、货运物流量、货物周转量等，而且还包括移动电话并入互联网数、城市公共交通数量、城市 TAXI 数量、单位面积轨道交通长度，同时还包括分别来测算度量单位面积的公路及其他基础设施、航空基础设施、管道相关设施、货运机械设备设施、移动互联网数据相关设备设施、城市公交公共服务、出租车共享单车服务、地铁等轨道交通服务的水平，2017 年、2018 年的各个维度的权重分别为 12. 5%。

西北五省区省会城市与东部省会城市轨道交通、公交车数量、移动电话数量相比都相对不足，西北五省区省会城市基础设施指数指标排名都比较靠后，如表 5 所示，这表明，相对于东部，西部城市有巨大的基础设施改善空间，未来加大基础设施建设的空间仍很大。

表 5　　西北五省区省会城市基础设施指数相关指标及排名

项目	西安	乌鲁木齐	西宁	银川	兰州
2017 年轨道交通长度（公里）	91. 4	0	0	0	0
2018 年轨道交通长度（公里）	123. 0	44. 0	0	有规划	26（2019）
2015 年总货运量（亿吨）	2. 39	1. 71	0. 70	0. 92	1. 17
2016 年全社会货运量（万吨）	23034. 38	14945. 16	6644. 5	8780. 49	11471. 95
2016 年全社会货运量全国排名	20	28	35	33	30
2016 年人均全社会货运量（万吨）	24. 16	42. 7	28. 21	39. 46	30. 76
2016 年人均全社会货运量全国排名	28	10	25	13	23
2016 年航空吞吐量（万/人次）	3699. 45	2020. 08	468. 11	634. 15	1089. 7
2017 年航空吞吐量（万/人次）	4185. 74	2150. 00	1282. 64	793. 64	625. 51
2016 年移动电话数（万台）	1919. 39	503. 49	283. 75	390. 7	335. 53
2015 年公交车数量（辆）	7781	4700	2726	1948	2662
2015 年出租车数量（辆）	14459	12333	6402	5364	7446
2017 年基础设施指数	0. 238	0. 108	0. 026	0. 036	0. 048
2018 年基础设施指数	0. 273	0. 087	0. 004	0. 027	0. 062
2017 年五省排名	1	2	5	4	3
2017 年全国排名	10	25	34	33	32
2018 年全国排名	10	29	35	34	31

数据来源：2016 年、2017 年、2018 年度各城市统计公报及年鉴。

（五）市场环境指数、构成及排名

市场环境测度指数，是从市场活力、自由竞争活力及多少由市场来配置资源等维度反映一个城市自由活力的经济综合水平以及竞争活力水平测度指标。同时，市场测度也涵盖国有企业和私营企业所占的比例大小，这通过西北五省区省会城市的GDP（地区生产总值）总量、城市人均GDP、GDP增速、地区进出口总额、地区社会消费品零售额来进行测度计算，每个测度指标占20%的权重，各自测度指标无量纲化后进行加权。

如表6所示，银川、乌鲁木齐、兰州、西宁四市的市场环境指数排名全国靠后，和中东部沿海省会城市相比经济总量都不是很大，经济增速也不是很高。但是西北五省区省会城市却具有各自的地方及民族特色，西安、银川等地的人均GDP正在快速赶超中东部一些同类型的城市，特别是西北五省区省会城市的GDP也都保持持续高速增长，其增速都大于本省总的GDP增速，这说明即使是西部经济落后地区的城市，如果抓住了"一带一路"的机会，仍可以突破式发展，实现弯道超车加快赶超的可能。

表6　　西北五省区省会城市市场环境指数相关指标及排名

项目	西安	乌鲁木齐	西宁	银川	兰州
2017年市场环境指数	0.2923	0.1802	0.1839	0.1788	0.1812
2017年市场环境指数全国排名	19	32	30	33	31
2018年市场环境指数	0.186	0.086	0.001	0.041	0.046
2018年市场环境指数全国排名	18	27	35	33	32
2016年年地区生产总值（亿元）	6257.18	2458.98	1248.16	1617.28	2264.23
2016年GDP增速（%）	8.50	7.60	9.80	8.10	8.30
2016年人均GDP（万元）	7.08	6.99	5.35	7.38	6.11
2016年常住人口（万人）	883.21	351.96	233.37	219.11	370.55
2016年社会消费品零售额（亿元）	3730.7	1236.69	513.07	514.19	1263.35
2016年人均消费（万元）	4.22	3.51	2.20	2.35	3.41

数据来源：2016年、2017年、2018年度各城市统计公报及年鉴。

对比各种测度指标增长趋势，随着大数据5G移动互联网物联网时代的商用化、城市化进一步加快，可以有把握地预测西北五省区省会城市人口会加快聚集，省会城市经济肯定要加速增长，同时社会消费品数量和质量都在提高，随着城市功能的完善和健全，未来发展潜力很大，与目前东部一线城市的距离将会逐渐缩小。但从社会消费品零售额来看，和中东部沿海省会城市相比有一定差距。从对比数据看，西北五省区省会城市人均社会消费品零售额几乎不到东中部城市的一半，如西宁、银川等。这些地区城市需要加速发展具有优势竞争力的产业经济，增长就业的同时尽快提高城市居民人均可支配收入水平，为消费升级提供可靠的保障。

（六）社会服务指数、构成及排名

社会服务测度指数，通过和中外相关研究测度指标对比优化，选择使用医疗服务（医疗指数）、科技服务及转化、融资金融服务、教育职业培训服务、养老参保服务5个方面测算，权重均为20%，分别使用每万人的床位数（医疗机构床位数）、科技投资投入占西北五省区省会城市的GDP比例（科技投入强度指数）、本外币贷款融资占GDP比例、大中小学生人数与常住人口之比，城镇基本养老参保率来测度计算（部分数据不可获得，因为变动不是很大，部分采取了权重插值以及2015年可比较的数字，但是不影响排名）。社会服务测度指数排名也比较靠后，靠前的大多是东部及沿海发达城市，西北五省区省会城市这方面排名居全国中下水平。

单单考虑社会综合服务测度值指标，西安在全国同类型的城市排名处于第三位。西安社会服务之所以高是因为西安高校、科研机构以及社会服务组织众多，又处于东西南北的交通的十字路口，同时又是丝绸之路的起点，这必然拉动部分测度指标排在全国的前列，如与科技服务相关的科技研究投入强度方面，西安科技研究投入占GDP比重达到了0.83%左右，远远超过了西北其他省市，还有其他因素共同作用使其综合社会服务水平高。西安在科技研发投资投入上具有不可比的优势，当然这也与当地国防军工企业众多以及大中专院校、科研院所和各种服务机构实力雄厚有关。但是西北部其他常委会城市这一比例只有1%左右，这表明西北地区创新转型力度不大。在养老参与方面，发达地区比例较高，城镇基本养老参与率在60%左右，但是很多西部地区只有10%左右，未来西部在这一方面仍需要加大力度（见表7）。

表7　　西北五省区省会城市社会服务指数相关指标及排名

项目	西安	乌鲁木齐	西宁	银川	兰州
科技投入（亿元）	320	43	20	30	56
科技投入强度（%）	5.11	1.75	1.60	1.85	2.47
医疗机构床位数（万张）	2.6	2.64	1.81	1.55	2.24
万人医疗床位数（张）	29.44	75.01	77.43	70.71	60.45
2015年户籍人口（万人）	815.66	266.83	201.17	179.23	321.9
2016年常住人口（万人）	883.21	351.96	233.37	219.11	370.55
户籍人口与常住人口比较	67.55	85.13	32.2	39.88	48.6
医疗指数	0.06	0.07	0.02	—	0.04
科技投入强度指数	0.83	0.15	0.12	0.17	0.3

续表

项目	西安	乌鲁木齐	西宁	银川	兰州
融资指数	0. 26	0. 19	0. 51	0. 26	0. 51
学生服务指数	0. 8	0. 51	0. 43	0. 64	0. 83
养老参保指数	0. 3	0. 31	0. 08	0. 31	0. 12
2017 年社会服务指数	0. 469	0. 246	0231	0. 278	0. 359
2017 年社会服务指数全国名次	3	27	29	21	12
2018 年社会服务指数	0. 532	0. 434	0. 346	0. 333	0. 504
2018 年社会服务指数全国名次	3	15	23	25	5

数据来源：2016 年、2017 年、2018 年度各城市统计公报及年鉴。

六、如何看待西北五省区省会城市的营商环境指标和排名以及加快丝路核心区发展的意义

对比中东部及沿海一、二线城市，虽然它们的营商环境优势明显，形成了对人力资源、社会资源、资金投入、科研技术等历史的惯性虹吸效应。但西北五省区也有自己的优势，随着中国第三次西部大开发号角吹响，西部陆海新通道总体规划批复和逐步实施推进，西北五省区的区域优势也逐渐显现，特别是西部陆海新通道的战略构想把“一带”和“一路”有机连接起来，这不但有利于“一带一路”倡议和西部大开发战略纵深推进，也将西北五省区从内陆边缘地区推向经济发展的前沿。在当前新冠疫情在世界范围大流行而且可能持续多年的情况下，中国和世界的目光必然投向作为资源矿藏宝库的西北五省区。

相对西北地区五省区省会大城市及西北其他中小城镇而言，虽然快速发展快速赶超是时代的要求和社会主义优越性的体现，但必须树立和践行习近平总书记“绿水青山就是金山银山”的发展理念，不能成为污染的天堂，更不能走先污染后治理的老路。目前，西北五省区省会城市绝对房价水平已经超过了其他中东部城市，但是人均 GDP 只有东部城市的一半，人均购买力与中部同类城市还相差甚远，房价收入比更是远超世界一线城市，加上雾霾、风沙、干旱、粉尘污染和水环境资源有限等问题突出，房价高的五个省会城市更需要转换模式以创新驱动引领西北五省区快速增长，在加快提高科学新技术研发的同时，要注意科学技术及专利成果转化，充分意识到营商环境本身就是先进生产力的科学理念，降低中外企业到西北五省区的投资商务成本。特别是要对于西北五省区省会城市商业用地制定不同于中东部的用地政策，加快增加土地供应，坚决遏制房价快速上涨。

西北五省区是“一带一路”建设的核心地区，中亚经济最具发展活力的地区，与中西亚及欧洲合作不仅具有地缘优势，而且具有语言和民族人才的优势，

很多资源又具有互补优势，双方合作意愿强劲，发展空间巨大，同时处于上升期。显然，"一带一路"建设不仅是实现中华民族伟大复兴之路的战略设计与构想，更是与沿途国家和地区共走繁荣之路的时代召唤和人民共同富裕的必然要求，是中国梦与世界梦的碰撞和有机结合。西北地区经济实力较弱，通过五省区省会城市和全国的省市营商环境的研究和对比分析，找出了五省省会城市营商环境的差距，针对五省区加快打造丝绸之路经济带核心区的现实必要性，找出五省区省会城市营商环境的短板与不足。为加快五省区打造丝绸之路经济带核心区的进程提供理论分析支撑、现实条件分析和可参考的对策建议。本文的研究将对中国"一带一路"倡议的推进，五省区位优势转化为经济优势，实现西北民族地区经济发展和长治久安具有重大的现实意义。

参考文献

[1] 顾华详. 聚焦新疆工作总目标　加快丝绸之路经济带核心区建设 [N]. 中国民族报，2019-03-22 (007).

[2] 李志军，张世国，李逸飞，等. 中国城市营商环境评价及有关建议 [J]. 江苏社会科学，2019 (2)：30-42，257.

[3] 夏飞. 关于优化西部民族地区营商环境的提案（摘要）[J]. 中国经贸导刊，2019 (4)：43-44.

[4] 阳军，刘鹏. 营商环境制度完善与路径优化：基于第三方视角 [J]. 重庆社会科学，2019 (2)：35-44.

[5] 优化营商环境　开展中国营商环境评价 [J]. 行政管理改革，2018 (12)：1.

[6] 卢万青，陈万灵. 营商环境、技术创新与比较优势的动态变化 [J]. 国际经贸探索，2018 (11)：61-77.

[7] 周名峰. 和谐价值观视域下"一带一路"沿线营商环境的优化 [J]. 云南社会科学，2018 (5)：82-88，129.

[8] 宋林霖，何成祥. 优化营商环境视阈下"放管服"改革的逻辑与推进路径——基于世界银行营商环境指标体系的分析 [J]. 今日海南，2018 (8)：29-33，36.

[9] 李全中. "一带一路"建设对我国农业对外发展环境的影响研究 [J]. 中国农业资源与区划，2018 (6)：23-27.

[10] 王小鲁，樊纲，马光荣. 我国分省企业经营环境指数 2017 年报告 [J]. 经济学动态，2018 (4)：2.

[11] 满姗，吴相利. 国内外营商环境评价指标体系的比较解读与启示 [J]. 统计与咨询，2018 (3)：27-30.

［12］张佳琳．2018 中国营商环境分析［J］．现代国企研究，2018（10）：141.

［13］王英平．“丝绸之路经济带”核心区建设背景下新疆农业发展问题研究［J］．新疆财经，2017（6）：53－61.

［14］赵应龙．“丝绸之路经济带”背景下兵团农业“走出去”战略探讨［D］．石河子：石河子大学，2017.

［15］蔡恩泽．“一带一路”：千年之约的自由贸易通道［J］．产权导刊，2017（6）：5－7.

［16］粤港澳大湾区研究院．2017 年中国城市营商环境评价报告［EB/OL］．（2017－11－9）https：//wenku. baidu. com/view/c24aab726ad97f192279168884868762caaebbfc. html.

［17］粤港澳大湾区研究院．2018 年中国城市营商环境评价报告［EB/OL］．（2018－12－3）https：//wenku. baidu. com/view/844137d4f021dd36a32d7375a417866fb84ac080. html.

［18］任颋．中国城市企业经营环境评估报告：方法与数据［M］．北京：企业管理出版社，2017.

中印计划经济政策对改革绩效差异的逻辑演进*

李折周

（福州外语外贸学院　经管学院，福建　福州　350202）

摘　要： 改革开放以来中国和印度在各自经济改革中取得了举世瞩目的成就，也在发展过程中呈现出明显的改革绩效差异。中印计划经济时期的发展政策对两国经济改革绩效差异的制度影响，要从历史逻辑联系和影响机理上进行探究，在基于中印计划经济发展政策的比较中，探讨中印发展业绩的较大差异和异质混合性，以及探讨导致这种现象的体制、政策、组织和其他因素的内在历史逻辑。计划经济时期中国采取的高度计划经济为中心的国营经济体制与印度混合经济为根本的计划经济体制的差异，对后来两国走向市场化改革道路的影响有主要的逻辑关联；两国事实上的制度结构（政体制度、土地制度、劳工制度、企业制度）和发展政策（基础设施、教育政策、征地政策）的差异，对后来两国改革对外开放模式的影响有主要的逻辑关联。

关键词： 中印　计划经济　发展政策　改革绩效差异　制度逻辑

［中图分类号］ F112.1　**［文献标志码］** A　**［文章编号］**（2020）01－0015－15

一、引言

中国和印度在20世纪40年代几乎同时转型为独立自主的现代国家（中国在1949年，印度在1947年）。新中国成立初期，两国促进经济增长的两种意识形态（共产主义和费边社会主义）促使中国和印度都通过模仿苏联模式来发展计

*［作者简介］李折周，男，福州外语外贸学院经管学院讲师、韩国国立庆尚大学社会科学研究院博士研究生，研究方向：国际政治经济学，“一带一路”，区域经济一体化。

划经济。即通过政府来控制经济的“制高点”和重工业优先的内向型工业化，以及集中规划国民经济发展。20世纪50年代，虽然中国和印度控制机制有些不同，但都通过对外国投资、贸易和外汇的广泛控制来实施其工业化计划。然而，新中国成立之后的30年里，计划经济政策下的许可证制度、配额制度、重工业优先发展以及僵化的进口替代政策等束缚下的中印两国常被西方视为错误发展战略的典型。伴随贸易和外汇管制的自给自足的贸易政策切断了中印两国与世界市场之间的广泛联系，导致生产力和劳动生产率双双受损。面对逐渐僵化的经济发展，中印纷纷进行经济改革并取得了举世瞩目的成就，使中印变成两位“进行经济市场化为主的经济改革”的模范生。

需要关注的是，经济改革以来两国在发展道路、发展方向等许多方面出现相当大的差异。自20世纪90年代初拉奥政府推行“经济自由化”改革以来，印度所走的发展道路完全不同于日本韩国等东亚新兴经济体，特别是与同为发展中人口大国的中国相比，差异更为明显。中国凭借廉价优质劳动力、土地、税收政策优惠和稳定的社会政治秩序，采取了吸引外资发展制造业的经济政策，制造业部门深度融入全球市场并成为“世界工厂”，制造业在2018年整个国民经济中占40.7%。而印度则以新兴的软件、信息技术等服务业为增长主引擎，传统模式中的增长支柱制造业（如表1所示，2016年印度工业产值仅占GDP的23.1%左右）对印度国民经济贡献有限。通过中印相同GDP体量的横向对比（2005年中国GDP与2016年印度GDP比值接近1）可以看到：2005年中国GDP中工业产值超过了1万亿美元（2016为45000亿美元），而印度2016年GDP中工业产值仅为5253亿美元，即同GDP体量的情况下中国的工业产值是印度的2倍多（如果同为2016年度比较，中国则是印度的近9倍）。

表1　同GDP体量的横向对比（2005年中国与2016年印度）　单位：亿美元

	中国2005年	印度2016年	中印比值
GDP体量	22859	22742	1.01
农业：中国12.1% 印度15.4%	2766	3502	0.79
工业：中国47.4% 印度23.1%	10835	5253	2.06
服务业：中国40.5% 印度61.5%	9258	13987	0.66

资料来源：国家统计局，http：//data.stats.gov.cn/easyquery.htm？cn = C01；THE WORLD FACTBOOK. https：//www.cia.gov/library/publications/the - world - factbook/fields/2012.html.

在摆脱计划经济时期的发展困境中，为何中印两国领导人采取了不同的经济政策？考虑到经济政策主要是民族国家（nation - state）国内政治和经济进程的产物，国际变化仅作为“背景变量（background variable）”。因此，中印计划经济时期的发展政策对两国经济改革绩效差异的制度影响，需要从其历史逻辑联系和影响机理上探究关于中印经济改革绩效差异的解释，即需要基于20世纪50—70年代中印计划经济发展政策的比较，探讨中印发展业绩的较大差异和异质混合性，以及提供探讨导致这种现象的体制、政策、组织和其他因素的内在历史逻辑。尤其在中印两国取得举世瞩目的成就，但也暴露出各种发展绩效差异的时候，为众多依旧是后发国家的发展提供一个非常重要的比照和借鉴的对象。

二、文献回顾

改革开放40年以来，在对中印两国典型的经济发展绩效差异的比较研究中，国内外学者在发展战略理论和经济政策实践等方面让人获得有益的启示。文富德在1989年就曾提出由于两国社会制度的不同，中国经济体制改革与印度经济政策调整的道路、进展、成效与问题等有着很大差异。孙培均主编的《中印经济发展比较研究》一书主要是从对中印两国宏观经济管理手段的比较出发，对中印经济不同发展绩效成果的分析与解释。阿玛蒂亚·森（Amartya Sen）和让·德雷兹（Jean Dreze）在《印度：经济发展与社会机会》一书中从20世纪50—70年代教育政策角度对后来经济发展的影响进行比较分析，并认为新中国成立以来基础教育成功普及是中国后来经济高速增长的重要推力。华民明确提出中印两国由于制度环境和初始条件不同，导致中印两国的改革模式在市场化路径、开放模式和增长道路上产生了明显差异。日本学者小岛真在日本《世界经济评论》中撰文提出，中印两国改革的目标都是实现市场经济，然而受制于不同的政治体制和先前发展政策的结果，两国在推进市场化过程中出现很大的绩效与速度差异。阿什瓦尼·塞思（Ashwani Saith）通过中印在不同制度框架下的特点来解释经济发展的不同绩效，中印两国在新中国成立前30年形成的不同特点解释了两国改革开放以后各自不同的发展轨迹。揭仕军认为中国与印度改革开放以来，受各自在80年代以前形成的不同政治制度、经济制度的影响，中印两国选择了不同的通向市场化的道路。还有一些学者通过开创性的理论对两国经济对比进行解释。例如：叶敏（Ye Min）认为通过制度变量无法独立解释中国和印度采取的不同自由化政策，并开创性使用“社会网络理论”的理论方法，研究出两国道路的分歧和绩效差异是由于不同的经济转型模式所导致的。

近年来，一部分研究从不同角度建立具有直接可比性的框架模式来衡量中印的发展绩效差异，采取实证分析等方式评价两国发展模式的优劣，研究两国发展模式的客观规律和内在逻辑。例如：沈开艳通过理论、实证与比较的方法提出印度受到语言、宗教、种族制度多样性的影响，印度未能像改革以来中国所采取的从沿海经济特区为起点的开放局部推进，从非均衡发展战略向科学发展观逐步过渡，而正是中国采取的非均衡发展战略使得中国更有利于发展制造业。玛格达·康迪（Magda Kandil）等学者使用1970—2013年的年度数据，旨在通过内生资本和通货膨胀以及两个增长最快的新兴市场经济体之间的比较来研究全球化和金融发展对中印两国经济增长及差异的影响。伦纳德·林恩（Leonard Lynn）等学者通过探讨西方和日本的跨国公司将技术发展外包给印度和中国的过程，提出更好地吸引外资与技术的政策将使各国能够通过当今更加全球分散的技术开发能力寻求互利，也是中印两国经济发展模式差异的要因之一。以上学者普遍强调以技术进步、金融发展为主导的全球趋势作为研究对象。但是，政府改变经济政策的决定通常不依赖于全球化趋势。此外，全球化趋势无法解释各国自由化的时机、范围和性质。正如美籍印裔经济学家贾格迪什·巴格瓦蒂（Jagdish Bhagwati）和阿尔温德·帕纳格里亚（Arvind Panagariya）所提出的，中印两国在20世纪最后25年的改革都是自发内生的。中印自身社会变量比经济计算更具说服力，中印自身区域内条件比全球化趋势更为突出。这也是为何本文的逻辑探究是从中印20世纪50—70年代的两国自身发展政策出发的原因所在。因此，中印计划经济时期的发展政策对两国经济改革绩效差异的制度影响，基于深入的国别研究和历史经验的比较进行逻辑探究是非常必要的。

三、计划经济时期发展政策对中印当今经济结构差异的逻辑影响

中国和印度在各自计划经济发展僵化停滞的严峻情形下启动了变革式的经济转型，这种转型涉及市场化改革道路和对外开放模式两个关键问题。

（一）对中印两国走向市场化改革道路的影响

经济体制是指各种安排经济活动的制度和行为模式，是满足消费需要及资源配置的各种运行方式，如一国的法律、习惯、风俗、价值准则等反映各种运作的方式。在两国实行计划经济体制的时期，事实上中国和印度存在相当大的体制差异：中国采取了以高度计划经济为中心的国营经济体制，更多地通过政府的手段来配置资源；印度计划经济时期的发展政策是一种承认私有财产制度并将其作为

基本制度的典型混合经济体制道路。而经济改革是在既有基本社会制度的范围内，对不适应社会生产力发展的生产关系以及不适应经济基础的上层建筑进行的重大调整。中印两国这种计划经济体制上的根本差异，很大程度上解释了两国在向市场经济转型时走向不同改革道路的结果。

1. 以所有制结构改革为重心的中国市场化改革道路形成的逻辑演进

（1）中国市场化改革道路——以所有制结构改革为重心的动力。

从逻辑上说，邓小平等中国领导人启动改革开放战略时，依据政府和微观经营单位（国营企业和人民公社）的交互作用将以所有制结构改革作为整个改革开放的重心，是多种因素交织作用的结果。林毅夫分析中国之所以要进行旨在构造新的所有制改革，主要有以下两方面的原因：“首先，中国计划经济时期推行重工业优先发展战略的实际结果，与西方发达国家等‘赶超’的目标相比，差距越来越大，国民经济已处于崩溃的边缘。其次，面对微观经营单位经济效益低下、劳动者没有生产积极性的严峻局面，邓小平等党中央领导人寻求摆脱结构扭曲、激励不足、效率低下的传统经济体制的新道路，这也是中国摆脱旧有体制束缚进行构造新的经济体制改革的重要动力。”可见，中国经济改革的逻辑起点是由于国营企业经济效益差，要通过国营企业进行产权制度改革和调整，来促进国营企业的发展。但是在改革开放初期特定的历史条件下，国营企业进行产权制度改革的阻力非常大。而发轫于中国农村的集体产权制度试点改革促使中国开始打破单一所有制制度的调整，通过在广大农村推行家庭联产承包经营责任制，即在确保农村集体土地所有权制度不动摇的前提下，赋予了集体组织内农民的承包经营权，引发了农村经济社会的深刻变革。可以说，国内对所有制改革的摸索最初是从农村开始的，然后就以星星之火燎原之势迅速地在广大经济部门中得以推行，从而奠定了中国由计划经济体制成功地向市场经济体制转型的制度基础。接着中央通过正式引入产权和私人企业制度以及与外资企业合办的合资企业，试图改善国营企业经济效益低下的问题。在对外合作方面邓小平等领导人开始推动引进新形式的国际合作，比如联合生产和合资企业。

（2）所有制结构改革的初始：从农村开始摸索的内在逻辑。

首先，就实践绩效而言，始于20世纪70年代末的中国农村经济体制变革不仅解放了农村内部的生产力，而且充当了中国整体改革开放战略的触发机制，并由此引致了诸多经济部门的市场化改革，为中国不断融入全球经济提供了重要支撑。

其次，从逻辑上说，农村生产经营方式的转变具有较为明晰的历史“基础”。文一和乔治·佛梯尔（George Fortier）认为在中国近代历史上由于市场严重失灵而被逼出来的社会主义运动中，中国政府通过农村合作化运动和人民公社实际上解决了农村基础设施缺乏问题（基本是在政府主导下的农村人民公社化运动中通过兴修水利和机耕道解决的）和建立社队企业的交易成本和社会信任问题。因此，在邓小平等领导人启动农村改革时，依靠计划经济时期建设的农村基础设施，以家庭联产承包经营为中心的改革极大地提升了农业生产的生产效率和抗灾能力，农业分工生产的风险和其他关联交易成本也显著下降，进而使农村剩余的劳动力可在保持稳定的农业生产下，向城镇工业和服务业等部门领域转移。

最后，计划经济时期另一个容易被忽视却非常关键的成就，是教会农民如何建立和管理农村企业——社队企业，而乡镇企业俨然就是计划经济时期社队企业发展出的“延长线”。改革开放初期受到城乡分割的二元户籍制度制约，农村剩余劳动力的非农化就业被束缚在农村内部进行。在社队企业的引导下，这种农业劳动力再配置使得广大农村兴起了一股农村工业化潮流，引导农村剩余劳动力有序地向非农产业以及城镇地区转移，从而改变了计划经济时期工业化与城镇化相互分离的局面，极大地加速了工业化的进程。可见，计划经济时期发展的这些“社会资本”都是邓小平等领导人开启中国农村改革成功的基础，更是推动农村原始工业化的关键。

2. 印度通向“经济自由化”式市场化道路的逻辑演进

与中国不同的是，印度在市场化改革之前，重要部门的控制权虽由国有企业主导，但并不意味着私营企业没有发展的空间，反而就已存在着数量众多的私人企业，并且在计划经济时期取得了显著的发展（见表2）。实际上，可以说改革前的印度存在和中国类似而又有很多不同的问题：尽管私有经济一直占有印度经济的大部分，但印度政府运用许可证等方式在经营领域、经营规模等方面都对其进行严格的管制，而对国有企业则进行多重的保护。随着印度经济发展的恶化，对私营部门逐步的放松管制已刻不容缓。

表2　　1951—1985年印度主要私营公司资产变动情况　　单位：1000万卢比

私营公司	1951年	1958年	1968年	1972年	1975年	1980年	1985年
Birla	104	180	577	726	905	1432	4111
Tata	116	303	585	818	925	1539	3699
Thapar	15	43	103	145	198	348	1068
J. K. Singhania	29	30	79	119	210	413	1057
Mafatlal	13	25	136	235	244	428	965
Modi	—	—	19	—	115	199	819

续表

私营公司	1951 年	1958 年	1968 年	1972 年	1975 年	1980 年	1985 年
A. C. C	22	49	106	129	160	275	743
Bangur	17	53	125	149	172	264	651
Walchand	13	20	86	103	127	150	607

资料来源：Ram Niwas Mirdha，S. R. Mohnot，CIER's Industrial Data Book，4th edition，New Delhi，*Centre for Industrial and Economic Research*，1994.

20 世纪 80 年代，为了应对频发的经济危机，英迪拉·甘地政府和拉吉夫·甘地政府开始对传统经济政策进行重大调整，主要是通过局部渐进"经济自由化"为重点的市场化道路的方式：第一，对私营部门逐渐放松管制；第二，减少对私营经济经营领域的限制，改革过时的许可证制度；第三，逐渐推进经济与贸易自由化。到了 1991 年，拉奥政府则改之以进行整体的"经济自由化"为重点，全面跨入各个重要领域。影响印度在 20 世纪 80 年代通向市场化的道路的内在逻辑主要有两点：

第一，外部原因的推动。为了应对 20 世纪 80 年代初的经济危机，1980 年 1 月赢得大选的英迪拉·甘地政府紧急向国际货币基金组织（IMF）借了 50 亿美金特别提款权（Special Drawing Right）贷款。而为了满足国际货币基金组织贷款的条件，印度需要市场开放，在产业政策和贸易政策方面采取各种放松管制措施。而之所以出现经济外汇危机，又很大程度源于计划经济时期的财政政策：印度政府在"五年计划"中采取了大量公共投资（重工业项目）政策，但同时又未能确保国内税收（特别是对农村和地主或奢侈品的征税）作为财政收入的稳定来源。为弥补持续增长的财政赤字，印度历届政府不得不一直采取对内和对外借债的方法，导致印度债务清偿负担越来越重。促使印度政府在 20 世纪 80 年代开始的市场化改革的主要目标就是解决债务问题。因此，到了危机更重的 80 年代，为了缓解债务危机，印度政府不得不开始陆续出台对内放松产业管制和对外推动贸易自由化的一系列措施。借此，拉吉夫·甘地进而改善与西方的外交关系，恢复与国际组织的关系。更重要的是，他任命外向型和商业嵌入式技术专家担任政府职务，这些新官僚试图将印度更全面地融入全球市场。事实上，印度 1991 年改革计划的主要设计师也与早在 20 世纪 80 年代的拉吉夫·甘地总理的自由化尝试有关联。

第二，内部原因。其主要驱动力则是国内私营企业家，传统商业和贸易公司。在前 30 年计划经济时期，印度历届国大党政府不惜代价地推行结构主义取向的"进口替代"战略，这尽管使印度建立起了相对齐全又能自给自足的工业体系，但工业部门较高的生产成本、低劣的产品质量以及落后的生产技术等情况普遍存在。此外，虽然印度这种“进口替代”战略的目的是为了使国内工业产品逐步替代进口产品，但是反而导致了更多的对机器设备、工业技术以及相关工业原材料的进口需求。众多私营企业家对原有计划经济体制的桎梏越来越不满，纷纷呼吁印度政府放松对经济领域的管制，印度出现了众多要求放松工业原材料和机器设备进口的游说集团。获得这些企业家支持的拉吉夫·甘地在赢得 1984 年选举之后，宣布了一系列有利于私营部门的放松管制措施，包括取消某些类别行业的许可，允许一些行业的公司将其业务范围扩大到相关活动以扩大其能力；还采取了一些步骤来降低贸易壁垒和进口限制，减少税收并强调经济现代化和对进口技术的支持。1985 年，拉吉夫·甘地政府进一步调整了政策，并加强旨在放宽工业投资和改善国内商业环境的更实质性措施。科利（Kohli）在对 20 世纪 80 年代印度经济政策的分析中提出“这是对经济自由化改革的真正尝试，也是从国家控制和‘进口替代’的模式向自由发展模式决定性的转变”。

（二）对中印改革对外开放模式的影响

从对改革对外开放模式的影响来看，中印两国也存在着相当明显的差异。就中国而言，中国的改革开放主要以低廉的劳动力为基础的制造业为中心的经济开发，继而采取出口诱导及外资引进的方式；但印度的改革政策主要带动了与信息技术相关的服务行业（见表 3）的成长，对外开放则采取了对外投资与推进贸易自由化的方式。

表 3　　1984—1988 年印度计算机生产和硬件、软件出口情况　　单位：百万美元

	1984 年	1985 年	1986 年	1987 年	1988 年
计算机生产（Computer production）	66	111	200	268	347
硬件出口（Hardware exports）	0.6	0.5	3	3	34
软件出口（Software exports）	17	20	30	41	61

资料来源：Evans P. B, *Embedded autonomy*: *states and industrial transformation*, Princeton, N. J.: Princeton University Press, 1995.

1. 中国计划经济时期发展政策对改革对外开放模式影响的逻辑演进

中印两国之所以在对外开放上采取几乎完全相反的做法，其主要原因就在于两国所面临的计划经济时期发展政策的结果是完全不同。中国计划经济时期经济模式的特点，决定了改革开放初期的中国经济必然具有以下特征：

第一，人力资本方面：可以转移到第二、第三产业的农村劳动力十分充足。人力资本效率发挥除受到生产力技术水平约束外，还受到人力资本配置结构的影响。可见，两国人力资本配置结构不同的发展对未来经济改革的发展道路有很大

的影响。中国计划经济时期人力资本的成长由于受到相对封闭的国际关系、城乡工农差别的局限，其积累和配置不可避免地受到了计划经济体制的影响。作为以改造旧社会来普及基础教育的措施，改革开放前，中国形成了"村村有小学，乡乡有初中"的基础教育格局，但高等教育受到巨大冲击。

第二，内需市场方面：新中国成立以后，由于西方社会对新中国采用封锁政策，再加上中苏关系的恶化，中国的经济建设主要是自给型的发展模式。计划经济的僵化分配导致内需市场严重不足。因此，改革开放之初，以欧美等发达国家市场为导向的"出口导向型"模式对中国有莫大的吸引力。在坚持对外开放思想的指引下，中国把经济的快速发展定位在吸引外商投资和利用中国劳动力优势的基础上进行对外加工的生产模式上，通过实施外贸体制改革、积极鼓励出口政策、优惠性的加工贸易政策以及优惠性的外资政策，形成了出口导向型的外贸经济体制，使外资成为中国现代化建设的重要资金来源。

第三，企业制度方面：中央集权化的资源使用决策和政企不分的传统计划经济，使民营企业和企业家的高度稀缺，不能把当时有限的国民储蓄有效地转化为生产性的资本来提高国民收入。在开始向市场经济转型的时候，有学者将中国计划经济模式的结果总结为：有众多过剩劳动力资源，但缺乏真正意义上的现代企业，同样也决定了没有真正的企业家，同时还是一个典型城乡分割的二元经济结构国家。这在某种程度上解释了改革开放初期中国对吸引外国直接投资的积极态度。

第四，政治制度方面：中国政治制度在改革开放中的一大重要功能就是其具有集中资源的功能，特别是在推动基础设施建设、吸引外资等方面有着很大的优势。

第五，社会网络结构方面：当中国和印度在开始进行经济改革时，领导者被嵌入不同的社会网络结构中，这些网络决定了他们对外国直接投资的不同政策。改革开放之初，中国国内产业和官僚机构极为薄弱，与此同时，海外华人在资源方面异常强大，与决策者和其他国内团体有着深厚的联系。通过示范，说服和共同选择机制，这些外部网络能够改变中国有关外资的经济政策。而在没有这种充满活力的外部社会网络的情况下，印度的经济转型在 20 世纪 80 年代由强大但普遍效率低下的国内产业和官僚机构领导。因此，没有如中国一样采取积极的鼓励吸引外资、出口诱导的经济政策。

这一系列计划经济模式的发展结果和经济特征，在很大程度上决定了中国改革开放初期只能采取"出口导向"以及对外招商引资的模式。在高度集中而又相对高效的政治体制推动基础设施建设下，通过引进跨国公司的直接投资，有效增加了中国的投资总额，使国内的市场竞争力活跃起来，激发了中国的企业家精神，产生了一大批乡镇企业家，民营企业得到了显著的增长，进而促进了中国企业制度的改革。通过实施鼓励出口的贸易政策，中国有效地解决了内需不足所导致的生产过剩问题。一系列由对外开放所带来的经济效应为中国经济带来了前所未有的强劲增长。

2. 印度计划经济时期发展政策对改革对外开放模式影响的内在逻辑演进

当印度向经济改革敞开大门时，其所面临的计划经济时期发展政策的结果与中国相比有以下几点不同：

第一，中印企业制度对比：印度有比中国更好的私营企业制度。如前文所述，印度私营企业在计划经济时期并不是没有发展空间，反而这些数量众多的私营企业在计划经济时期取得了显著的发展，并形成了完善的企业制度。

第二，中印人力资源对比：相比中国，印度文盲率超过 50% 造成熟练的制造业劳动力不足，高等教育体系的完善使得信息技术相关的人才充足。1981 年，印度全国 7 岁以上国民平均识字率为 43.57%。人口的过快增长使印度文盲的绝对数量难以大幅减少，1951 年，印度文盲人数为 3 亿人，1981 年则不减反增长到 4.31 亿人。影响印度计划经济时期人力资本配置结构的因素有三点：首先，教育结构严重不合理和经费不足。印度实现独立后，印度政府片面认为中高等教育对推动社会经济发展的作用远大于初等教育。这一观点导致印度政府从实施第二个五年计划起，就将初等教育的经费在国家教育经费总量的占比维持在 33% 左右，1966—1969 年更是降到 24%，而同期的高等普通教育和高等技术教育的经费比例占国家教育总经费的 49%。这样的发展政策使有限的教育资源向高等教育倾斜，导致初等教育和中等教育发展缓慢，而初等教育的普及程度和熟练劳动力的供给有着密切联系。其次，种姓制度的后遗症阻碍了扫盲进度。表列种姓（Scheduled Caste）和表列部落（Scheduled Tribe），即印度历史上所称的贱民或达利特，他们在印度社会中一直受到歧视，导致其受教育年限以及识字率远远低于全国平均水平。最后，男女不平等地位造成文盲中女性文盲比例过高。受印度教与伊斯兰教传统宗教观念的影响，印度女性长久以来深受歧视。印度独立后，尽管各级政府颁布了一系列法律法规，承认在法律面前男女地位平等，但印度女性的社会地位仍然十分低下。据统计，在离家参加工作方面，世界上只有 8 个国家和地区的女性劳动力参与率低于印度。

第三，中印政治制度对比：新中国成立以来中国一直实行社会主义制度，政府可以有效发挥集中力量发展经济的优势。相反，印度独立后一直实行的是分散而又缺乏效率的议会制政治制度。印度这种政治制度重视各邦间的平衡发展，表现为其经济发展目标呈现多元性。与中国相比，就难于实行经济增长优先的政策和大胆的外资优惠引进政策。印度议会制政治制度框架是印度政府政策制定的桎梏，其构建往往是基于一个一成不变的、刚性（rigidity）的环境，相比之下，中国社会主义政治制度框架本身是一个优先的目标变量，是国家制定政策的客体，并成为服务于国家发展战略的催化工具。

第四，中印土地制度与征收制度对比：鉴于土地高度集中，影响农业生产率的提高，印度始于尼赫鲁政府的土地改革，主要措施集中在进行租佃改革、废除中间人地主制、制定土地最高限额以及土地产权整理等方面。然而，印度土地改革并没有彻底改变土地集中在少数大地主手中的所有制结构，占农村人口 2.4% 的大地主仍占有 22.8% 的耕地，占农村人口 74.5% 的农民是少地、无地者。尤其是现行的《土地征收法》规定了以所谓的“利益人”为征地补偿对象，即对特定的土地资产拥有法律上正式授予权的授权人，这一规定将无地雇农、技工等人排除到“利益人”之外。大量的佃农、雇农并不能根据被征土地所造成的损失而得到相应补偿，因此引发了他们对征地的强烈抵抗，可以说这在一定程度上也阻碍了印度的基础制造业的形成。相反的是，中国由于实行农村土地归集体或国家所有，改革开放初期又在农村全面推行家庭承包经营制，因此，中国土地征收相关法律根据实际情况将征地补偿对象规定为土地的承包经营者和村集体。

第五，中印劳动法规对比：相比发展与完善缓慢的中国劳动法律法规，印度大部分严格的劳动法规早在殖民地政府时期就已形成并贯穿于整个计划经济时期。中国计划经济时期的劳动法律法规与工会制度在国家政治形态和权力结构中历经曲折，有时被强化，有时被边缘化，甚至在“文革”中一度被取消。改革开放以来，中国劳动法律法规与工会制度构建则以与国家现代化建设相适应，与国家现代化治理体系与治理能力相匹配为核心议程。反观印度，几乎所有的劳动法规都超过了 40 年寿命，以《1923 年工人赔偿法》《1947 年劳资纠纷法》《1948 年最低工资法》以及《1970 年劳务工（管制和废除）法》最为典型。不仅如此，为了更好地贯彻这些法规，印度制定了一系列措施。比如，制定“限制工作时间”“国际劳工组织（ILO）标准的良好工作条件”和“最低劳动标准”等，虽然这些法案促进了人道主义关怀，但也带来了面向生产者的劳动力实际价格上升的经济效应，导致许多企业有意限制雇佣工人的规模。在印度的所有制造业企业中，84% 的工人在员工为 50 人以下的小企业中工作，员工在 200 人以上的大企业只雇用了制造业工人的10.5%，相反的是，中国的小企业和大企业雇用工人的比例分别是25%和52%。

面对这样的20世纪50—70年代发展政策成果的印度政府在选择对外开放的模式的时候只能采取对外投资；促进信息技术相关的服务业发展；推进经济与贸易自由化。现在有必要分析的问题是：印度为何只能做这三种选择的内在逻辑。

首先，结合印度的熟练劳动力的缺乏、基础设施建设不足以及严格的劳工和工厂法规这三个条件，我们可以推断出当时的印度并没有吸引大型跨国公司到印度国内投资生产的能力。当印度本土的制造业公司发展到一定的规模时，也将面临优质的制造业劳动力供给不足、基础设施改善缓慢以及不利于企业的劳动和工厂法规的发展瓶颈，这也正是印度的制造业发展远远落后于中国的主要原因，也成为相当数量的印度企业要到海外进行投资的有利解释。

其次，与印度民主的但同时又是分散和缺乏效率的政治体制相关，维维克·基伯（Chibber Vivek）曾在韩国和印度的比较研究中提出，印度资产阶级对印度政府的发展政策有意识的抵制，是印度未能实现同样发展成效的关键原因。印度政府未能与印度资产阶级建立基于共同利益的发展联盟，更无法对其投资行为进行有效引导以服务于国家发展目标，至今依旧困扰着国内外企业在印度的直接投资。例如：韩国浦项制铁公司（POSCO）曾在2004年试图进入印度奥里萨邦建立千万吨级别的钢铁公司，但由于散乱和缺乏效率的民主政治体制以及土地征收的缓慢进展，尽管中央政府多次出面介入，但在2015年时还是暂停了120亿美元的钢厂项目。最让浦项制铁公司诟病的是到宣布放弃为止，企业建厂用地仍未完全移交，这也反映出外资企业在印度设厂面临的“鸡肋”难题。

最后，20世纪50—70年代发展政策带来的两国人力资源的构成，是印度促进信息技术相关服务业的逻辑要因。在印度独立后的尼赫鲁、英迪拉、拉吉夫等政府对于科技和高等教育的重视下，偏重高等教育成为印度独立后的教育特点。这一独特的人才培养模式为印度培养了一批学历高且相对廉价的“软件蓝领”队伍，在20世纪80年代以来美国对IT信息软件产品需求旺盛之际，开展软件外包业务就成了印度的最佳选择，印度政府也就自然而然地制定了一系列鼓励、促进IT信息软件外包业务发展的政策。正因为如此，拥有数百万名大学毕业生的印度和具有较高比重的基础教育水平的中国均在20世纪80年代找到了最适合自己的经济发展道路。80年代以后，信息产业的不断壮大在一定程度上带来了印度产业结构的变化，即服务业比重大幅度上升。在高新科技的推动下，现代服务业不断产生并逐渐发展壮大，服务业起到越来越重要的作用。

四、结论

本文通过对中国和印度在20世纪50—70年代计划经济发展政策如何对经济改革时期在发展成就上的绩效差异的影响的分析，从历史逻辑视角下总结出两国经济改革绩效差异的制度逻辑。首先，两国在20世纪50—70年代计划经济时期的经济体制存在差异：中国是以高度计划经济为中心的国营经济制度，印度是承认私有财产制度的典型混合经济体系道路。而改革是在既有基本社会制度的范围内，对不适应社会生产力发展的生产关系以及不适应经济基础的上层建筑进行重大调整。因此，中国前30年以高度计划经济为中心的国营经济制度的发展与演变，决定了以所有制结构改革为重心的中国市场化改革道路的形成。印度前30年承认私有财产制度并将其作为基本制度的典型混合经济体系道路，决定了其对私营部门逐渐放松管制，减少对私营经济经营领域的限制并改革许可证制度，逐渐推进经济与贸易自由化等"经济自由化"式市场化道路。其次，由于20世纪50—70年代两国事实上的制度结构（政治制度、土地制度、劳工制度、企业制度）和发展政策（基础设施、教育政策、征地政策）的差异，决定了20世纪80年代两国步入不同的对外开放模式：中国的改革开放主要是以低廉的劳动力为基础的制造业为中心的经济开发，继而采取出口诱导及外资引进的方式；但印度的改革政策主要带动了与信息技术相关的服务行业的成长，对外开放则采取了对外投资与推进经济与贸易自由化的方式。而这种对外开放模式的差异是两国经济改革绩效差异的根本原因之一。

参考文献

［1］Guitian Manuel. The fund's role in adjustment［J］. Finance and Development, 1987 (2): 3 -6.

［2］国家统计局．中华人民共和国2018年国民经济和社会发展统计公报［EB/OL］.（2019 -02 -28）. http: //www. stats. gov. cn/tjsj/zxfb/201902/t20190228_1651265. html.

［3］Kohli Atul. Politics of economic liberalization in India［J］. World Development, 1989 (3): 305 -328.

［4］文富德．中国经济体制改革与印度经济政策调整比较［J］．南亚研究季刊，1989（2）：1 -7.

［5］孙培均．中印经济发展比较研究［M］．北京：经济管理出版社，1991.

［6］阿玛蒂亚·森，让·德雷兹．印度：经济发展与社会机会［M］．黄飞君，译．北京：社会科学文献出版社，2006.

［7］华民．中印经济发展模式的比较：相似的原理与不同的方法［J］，复旦学报，2006（6）：36－50.

［8］小岛真，尤冬青．印度经济改革的成果与课题——与中国之比较［J］，经济资料译丛，2002（1）：15－21.

［9］Ashwani Saith. China and India：The Institutional Roots of Differential Performance［J］. Development and Change，2008（5）：723－757.

［10］揭仕军．关于中国与印度经济发展差异性研究［J］．价格理论与实践，2018（2）：159－162.

［11］Ye Min. Embedded states：The economic transitions of China and India［D］. Doctoral Dissertation，Princeton University，2007.

［12］沈开艳．印度经济改革发展二十年：理论、实证与比较（1991—2010）［M］．上海：上海人民出版社，2011.

［13］Magda Kandil，Muhammad Shahbaz，Mantu Kumar Mahalik，Duc Khuong Nguyen. The drivers of economic growth in China and India：globalization or financial development？［J］International Journal of Development Issues，2017（1）：54－84.

［14］Leonard Lynn，Pamela Meil，Hal Salzman. Reshaping global technology development：innovation and entrepreneurship in China and India［J］. Journal of Asia Business Studies，2012（2）：143－159.

［15］贾格迪什·巴格瓦蒂，阿尔温德·帕纳格里亚．增长为什么重要 来自当代印度的发展经验［M］．王志毅，译．杭州：浙江大学出版社，2015.

［16］黄速建，胡叶琳．国有企业改革40年：范式与基本逻辑［J］．南京大学学报，2019（2）：38－48

［17］林毅夫，蔡昉，李周．中国的奇迹：发展战略与经济改革（增订版）［M］．上海：上海人民出版社，2014.

［18］史亚洲．改革开放40年经济改革成就、特征与经验［J］．西安财经学院学报，2019（4）：30－37.

［19］MacDougall Colina. Policy Changes in China's Foreign Trade since the Death of Mao，1976—1980［C］. in China's New Developmental Strategy eds.，by Gray and White，New York：Academic Press，1982：149－171.

［20］高帆．农村经济体制变革与改革开放再出发的触发机制［J］．复旦学报，2019（4）：148－158.

［21］文一，乔治·佛梯尔．看得见的手：政府在命运多舛的中国工业革命中所扮演的角

色［J］. 经济资料译丛，2017（2）：1－42.

［22］王乾厚 . 新中国工业化战略路径演变、反思与展望［J］. 湖北大学学报，2013（5）：84－90.

［23］Panagariya Arvind. Growth and Reforms During 1980s and 1990s［J］. Economic and Political Weekly，2004（25）：2581－2594.

［24］王玉玲，王润球 . 印度经济［M］. 北京：中国经济出版社，2016.

［25］李金华 .40 年来中国的教育及其与经济的非均衡发展［J］. 北京师范大学学报，2019（3）：5－16.

［26］文富德 . 印度经济发展前景研究［M］. 北京：时事出版社，2014.

［27］A Gnanam，A Stella. Emerging Trends in Higher Education and Their Implications for Future［J］. Journal of Educational Planning and Administration，1999（2）；191.

［28］Shoaib Daniel. 2020 is here，not India's predicted superpowers［EB/OL］.（2020－01－03），https：//finance. yahoo. com/news/2020－not－india－predicted－superpowers－070621311. html.

［29］杨文武 . 印度经济发展模式研究［M］. 北京：时事出版社，2013.

［30］武剑 . 中印土地征收补偿制度比较研究［J］. 理论月刊，2008（4）：147－149.

［31］Hasan Rana，Karl Robert L. Jandoc. Labor Regulations and Firm Size Distribution in Indian Manufacturing［C］. In Bhagwati，Jagdish，and Arvind Panagariya，eds.，Reforms and Economic Trans－formation in India. New York：Oxford University Press，2012：15－48.

［32］Chibber Vivek. Locked in Place：State－building and Late Industrialization in India［M］. Princeton，N. J.：Princeton University Press，2003.

“一带一路”倡议下泰国语言消费、语言产业及语言政策研究*

马冰琼　杨振兴

（广西财经学院　国际教育学院，广西　南宁　530003；
广西体育高等专科学校，广西　南宁　530012）

摘　要：在中国—东盟自由贸易区建设、“一带一路”倡议、构建人类命运共同体等国际大背景下，东盟国家语言消费问题逐渐引起学界关注，语言的经济价值越发凸显。文章从微观层面对泰国语言消费行为作了定量分析，并从中观层面全面讨论了语言产业发展的动力结构及趋势，认为泰国政府应努力提高泰语在世界经济中的参与度，制定多边语言政策，同时，充分重视与语言政策密切相关的语言教学内容的开发与设计，提高教学水平，为全面普及语言政策提供良好的通道保障。

关键词：泰语　语言消费行为　语言产业　语言政策

［**中图分类号**］H617　［**文献标识码**］A　［**文章编号**］（2020）01－0030－16

一、引言

作为东南亚重要国家，泰国一直是我国实施中国—东盟自由贸易区建设的重要节点国家。借助中国—东盟自由贸易区的建设，中泰两国于2003年10月1日签署了果蔬零关税政策，且在泰国多次举办了中国与东盟领导人会议，尤其是2013年9—10月，中国国家主席习近平进一步提出了“新丝绸之路经济带”和

＊［基金项目］国家语委“十三五”科研规划2016年度重点项目“中国—东盟自由贸易区语言产业与经济发展互动研究”（ZD1135－25）；2018年度广西高校中青年教师基础能力提升项目“‘中国—东盟’视域下泰国主流媒体报道中的广西形象研究”（2018KY0515）。

［作者简介］马冰琼，女，壮族，广西财经学院国际教育学院讲师，研究方向：东南亚文化与国情；杨振兴，男，本文通信作者，瑶族，广西体育高等专科学校教师，研究方向：市场营销。

"21 世纪海上丝绸之路"的合作倡议，泰国作为"21 世纪海上丝绸之路"的第一目的地，无论中国是通向中东，还是地中海，其都发挥着重要的纽带作用，因此，在可预见的未来，泰国都将是中国经济走出去的关键国，我国必须要提升对泰国的关注。此外，我国宪法在 2018 年 3 月 11 日通过修改，力求构建全人类的命运共同体，可见我国对于世界各国自主发展、命运一体的关注，这既要求我们要进一步发展同各国的外交关系和经济、文化交流，同时也要求我们共同推动构建人类命运共同体。泰国作为我国东南亚旅游目的地第一大国，长期以来与我国的语言交流日益频繁。随着《泰囧》等热剧的播出，"萨瓦迪卡"也成了我国国内流行语之一，电影、广告等作为泰语的重要承载体，其语言消费行为、语言产业及语言政策，都将影响泰语的发展。通过对泰国语言消费行为、语言产业的研究，从提升个人语言能力、促进语言产业发展的视角提出泰国语言政策完善的一些思路和建议，可为我国语言政策的制定提供有效指导，进而提升我国语言在东南亚地区的影响力。

二、微观层面的泰国语言消费行为调研

（一）研究对象

微观层面主要选取居住在泰国的个人为调查对象，主要包括调查掌握语言个体的收入、社会地位、国籍、语言学习投入成本、学习语言的主要原因、职业类型、学位学历、语言消费目标及类型、消费语言种类等，调研个体既包括至少掌握一门外语的个体，也包括仅仅熟悉泰语的个体。

（二）研究方法

通过问卷调查形式，在泰国国内发放 6000 份问卷，具体内容如表 1 所示，共收回有效调查问卷 5563 份，调查有效率为 92.7%。

（三）调查结果

1. 基本信息

被调查者的基本信息如表 1 所示，通过分析表 1 可知，55.8% 的调查对象为本科教育程度，说明本次调查的主体教育程度较高，是泰国社会的中坚阶层，也是新一代主导性力量，可以代表泰国的未来。此外，此次调查选取的从事行业十

分分散，除教育行业和制造业外均不足10%，说明调查采集了广泛的群体，具有社会代表性，调查结果更具有说服力。

表1 基本信息统计

基本信息	分类	频数	百分比
性别	男	3471	62.4%
	女	2092	37.6%
教育程度	没上过学	178	3.2%
	小学	100	1.8%
	初中	134	2.4%
	高中（中专、技校）	1357	24.4%
	本科	3104	55.8%
	硕士	623	11.2%
	博士	67	1.2%
从事行业	农、林、牧、渔业	161	2.9%
	采矿业	6	0.1%
	制造业	629	11.3%
	电力、热力、燃气供应业	28	0.5%
	建筑业	45	0.8%
	批发和零售业	334	6.0%
	交通运输、仓储和邮政业	189	3.4%
	住宿和餐饮业	106	1.9%
	信息传输、软件和技术服务业	150	2.7%
	金融业	100	1.8%
	房地产业	28	0.5%
	租赁和商务服务业	72	1.3%
	科学研究和技术服务业	61	1.1%
	水利、环境和公共设施管理行业	22	0.4%
	居民、修理和其他服务业	45	0.8%
	教育	2025	36.4%
	卫生和社会工作	217	3.9%
	文化、娱乐和体育业	22	0.4%
	公共管理、社会保障和社会组织	156	2.8%
	国际组织	45	0.8%
	其他	1124	20.2%

2. 语言消费行为

（1）语言消费目标与月收入之间的关系。

所有月收入水平的人最高选项都是将“提升自己”作为语言消费目标，可见，在调查对象中追求积极奋斗向上者在所有收入阶层中占绝大多数（见表2）。为方便理解，以下收入单位已由泰铢换算为人民币。

表2 语言消费目标与月收入之间的关系

语言消费目的	2000元以下	2001—4000元	4001—6000元	6001—8000元	8001元以上
提升自己	73.3%	62.3%	68.0%	63.3%	62.1%

续表

语言消费目的	2000 元以下	2001—4000 元	4001—6000 元	6001—8000 元	8001 元以上
工作需要	19.9%	28.5%	25.2%	29.3%	38.9%
沟通交流	4.4%	4.1%	3.3%	2.1%	1.1%
个人喜好	21.0%	14.8%	10.4%	10.6%	8.4%

将消费语言目标与月收入进行皮尔逊卡方检验分析，由分析检验的结果可知，是否因提升自己、工作需要和个人喜好三个原因选择消费与受访者的月收入的卡方检验的显著性 P 值都为 0，都小于 0.05，表示是否因提升自己而选择消费、是否因工作需要而选择消费、是否因个人喜好而选择消费在不同月收入的受访者之间存在显著性差异，具体如表 3 所示。

表 3　　语言消费目标与月收入之间的关系皮尔逊卡方检验表

项目		月收入
提升自己	卡方	28.612
	自由度	4
	显著性	0.000
工作需要	卡方	30.043
	自由度	4
	显著性	0.000
沟通交流	卡方	5.013
	自由度	4
	显著性	0.286
个人喜好	卡方	41.315
	自由度	4
	显著性	0.000

（2）语言消费目标与职业之间的关系。

几乎所有职业的人最高选项都将“提升自己”作为语言消费目标，可见在调查对象中追求积极奋斗向上者在所有职业中占绝大多数（见表 4）。

表 4　　语言消费目标与职业之间的关系

职业	提升自己	工作需要	沟通交流	个人喜好
农、林、牧、渔业	59.8%	15.9%	6.1%	20.7%
采矿业	25.0%	25.0%	0.0%	25.0%
制造业	63.9%	27.8%	5.1%	10.8%
电力、热力、燃气及水生产	84.6%	38.5%	0.0%	15.4%
建筑业	54.5%	31.8%	9.1%	9.1%
批发和零售业	62.5%	31.5%	2.4%	14.3%
交通运输、仓储和邮政业	66.7%	26.0%	4.2%	16.7%
住宿和餐饮业	73.1%	15.4%	3.8%	11.5%
信息传输、软件和信息技术服务业	64.9%	41.9%	5.4%	9.5%
金融业	64.0%	24.0%	6.0%	10.0%
房地产业	53.8%	30.8%	7.7%	7.7%

续表

职业	提升自己	工作需要	沟通交流	个人喜好
租赁和商务服务业	74.3%	20.0%	2.9%	5.7%
科学研究和技术服务业	59.4%	46.9%	0.0%	9.4%
水利、环境和公共设施管理行业	30.0%	40.0%	0.0%	30.0%
居民、修理和其他服务业	56.5%	30.4%	0.0%	13.0%
教育	71.9%	22.4%	3.9%	20.4%
卫生和社会工作	64.5%	31.8%	2.7%	14.5%
文化、娱乐和体育业	70.0%	40.0%	0.0%	20.0%
公共管理、社会保障和社会组织	55.8%	39.0%	10.4%	6.5%
国际组织	69.6%	34.8%	0.0%	4.3%
其他	66.9%	21.9%	2.3%	12.3%

将消费语言原因与职业进行皮尔逊卡方检验分析，由分析检验的结果可知，是否因提升自己、工作需要和个人喜好等三个原因选择消费与受访者的职业的卡方检验的显著性P值都为0，都小于0.05，表示是否因提升自己而选择消费、是否因工作需要而选择消费、是否因个人喜好而选择消费在不同职业的受访者之间存在显著性差异，具体如表5所示。

表5　　语言消费与职业之间的关系皮尔逊卡方检验表

语言消费目的		从事行业
提升自己	卡方	38.591
	自由度	20
	显著性	0.000
工作需要	卡方	54.047
	自由度	20
	显著性	0.000
沟通交流	卡方	24.485
	自由度	20
	显著性	0.222
个人喜好	卡方	48.677
	自由度	20
	显著性	0.000

（3）语言消费类型与月收入之间的关系。

所有月收入水平的人的最高选项都是将消费语言内容产业作为自己的语言消费主要类型，可见在调查对象中对于语言内容的需求者在所有收入阶层中占绝大多数（见表6）。

表6　　消费产品类型与月收入之间的关系表

语言消费类型	2000元以下	2001—4000元	4001—6000元	6001—8000元	8001元以上
消费语言能力产业	34.8%	23.5%	41.6%	42.0%	43.2%
消费语言内容产业	55.7%	57.8%	50.0%	53.2%	56.8%
消费语言处理产业	17.7%	23.5%	13.2%	9.0%	4.2%

将主要语言消费类型与月收入进行皮尔逊卡方检验分析，由分析检验的结果可知，是否为主要消费语言能力产业，是否为主要消费语言内容产业，是否为主要消费语言处理产业与受访者的月收入的卡方检验的显著性P值都小于0.05，表示这三方面的消费类型在不同月收入的受访者之间存在显著性差异，具体如表7所示。

表7　　消费产品类型与月收入之间的关系皮尔逊卡方检验表

项目		月收入
主要消费语言能力产业	卡方	73.453
	自由度	4
	显著性	0.000
主要消费语言内容产业	卡方	9.947
	自由度	4
	显著性	0.041
主要消费语言处理产业	卡方	52.564
	自由度	4
	显著性	0.000

（4）语言消费类型与职业之间的关系。

几乎所有职业的人的最高选项都是将消费语言内容产业作为自己的语言消费类型，可见，在调查对象中对于语言内容的需求者在所有职业中占绝大多数（见表8）。

表8　　语言消费类型与职业之间的关系表

行业	消费语言能力产业	消费语言内容产业	消费语言处理产业
农、林、牧、渔业	26.8%	61.0%	12.2%
采矿业	25.0%	50.0%	25.0%
制造业	31.0%	56.3%	18.7%
电力、热力、燃气及水生产和供应业	30.8%	61.5%	7.7%
建筑业	22.7%	72.7%	9.1%
批发和零售业	19.6%	58.9%	22.0%
交通运输、仓储和邮政业	19.8%	64.6%	20.8%
住宿和餐饮业	40.4%	57.7%	7.7%
信息传输、软件和信息服务业	36.5%	51.4%	23.0%
金融业	32.0%	58.0%	16.0%
房地产业	30.8%	53.8%	15.4%
租赁和商务服务业	25.7%	74.3%	2.9%
科学研究和技术服务业	37.5%	50.0%	18.8%
水利、环境和公共设施管理行业	10.0%	40.0%	50.0%
居民、修理和其他服务业	47.8%	39.1%	17.4%
教育	30.6%	56.8%	21.1%
卫生和社会工作	32.7%	61.8%	11.8%
文化、娱乐和体育业	40.0%	70.0%	0.0%

续表

行业	消费语言能力产业	消费语言内容产业	消费语言处理产业
公共管理、社会保障和社会组织	36.4%	51.9%	14.3%
国际组织	60.9%	30.4%	17.4%
其他	44.0%	46.3%	13.0%

将主要语言消费类型与职业进行皮尔逊卡方检验分析，由分析检验的结果可知，是否为主要消费语言能力产业，是否为主要消费语言内容产业，是否为主要消费语言处理产业与受访者职业的卡方检验的显著性P值都小于0.05，表示这三方面的消费类型在不同职业的受访者之间存在显著性差异，具体如表9所示。

表9　　消费产品类型与职业之间的关系皮尔逊卡方检验表

项目		从事行业
主要消费语言能力产业	卡方	73.440
	自由度	20
	显著性	0.000
主要消费语言内容产业	卡方	46.254
	自由度	20
	显著性	0.001
主要消费语言处理产业	卡方	46.500
	自由度	20
	显著性	0.001

（5）消费语言与月收入之间的关系。

所有月收入水平的人的最高选项都是以英语作为自己的主要消费语言，可见，在调查对象中对于英语的需求在所有收入阶层中占绝大多数，消费语言与月收入之间的关系统计如表10所示。

表10　　消费语言与月收入之间的关系表

消费语言	2000元以下	2001—4000元	4001—6000元	6001—8000元	8001元以上
英语	90.7%	91.2%	92.4%	93.6%	92.6%
法语	2.8%	1.6%	1.3%	1.1%	1.1%
汉语	7.8%	4.9%	6.4%	8.5%	10.5%
俄语	0.3%	0.3%	0.3%	0.5%	0.0%
日语	5.0%	3.4%	2.7%	4.8%	0.0%
阿拉伯语	0.4%	0.7%	0.6%	0.5%	1.1%
韩语	5.2%	2.8%	2.9%	1.6%	1.1%
西班牙语	0.3%	0.2%	0.3%	1.1%	0.0%
其他语言	2.8%	3.4%	2.5%	0.5%	5.3%

将消费语言与月收入进行皮尔逊卡方检验分析，由分析检验的结果可知，消费语言是否来源于汉语、消费语言是否来源于日语、消费语言是否来源于韩语与受访者的月收入的卡方检验的显著性P值都小于0.05，表示这三种消费语言在

不同月收入的受访者之间存在显著性差异，具体如表 11 所示。

表 11　　消费语言与职业之间的关系皮尔逊卡方检验表

项目		月收入
来源于英语	卡方	2.757
	自由度	4
	显著性	0.599
来源于法语	卡方	6.567
	自由度	4
	显著性	0.161
来源于汉语	卡方	10.045
	自由度	4
	显著性	0.040
来源于俄语	卡方	0.574
	自由度	4
	显著性	0.966
来源于日语	卡方	10.465
	自由度	4
	显著性	0.033
来源于阿拉伯语	卡方	0.925
	自由度	4
	显著性	0.921
来源于韩语	卡方	14.099
	自由度	4
	显著性	0.007
来源于西班牙语	卡方	3.940
	自由度	4
	显著性	0.414
来源于其他语言	卡方	6.814
	自由度	4
	显著性	0.146

（6）消费语言与职业之间的关系。

几乎所有职业的人的最高选项都是将英语作为自己的语言消费类型，可见，在调查对象中对于英语的需求在所有职业中占绝大多数，消费语言与职业之间的关系统计如表 12 所示。

表 12　　消费语言与职业之间的关系表

职业	英语	法语	汉语	俄语	日语	阿拉伯语	韩语	西班牙语	其他语言
农、林、牧、渔业	89.0%	1.2%	7.3%	0.0%	3.7%	0.0%	0.0%	0.0%	4.9%
采矿业	100.0%	0.0%	0.0%	0.0%	0.0%	0.0%	0.0%	0.0%	0.0%
制造业	93.7%	1.3%	3.2%	0.6%	3.5%	0.3%	0.6%	0.0%	2.5%
电力、热力、燃气及水生产和供应业	92.3%	0.0%	15.4%	0.0%	0.0%	0.0%	0.0%	0.0%	0.0%
建筑业	81.8%	4.5%	13.6%	0.0%	0.0%	0.0%	0.0%	0.0%	0.0%

续表

职业	英语	法语	汉语	俄语	日语	阿拉伯语	韩语	西班牙语	其他语言
批发和零售业	91.7%	2.4%	3.6%	0.0%	2.4%	0.6%	2.4%	0.0%	3.6%
交通运输、仓储和邮政业	89.6%	2.1%	6.3%	0.0%	5.2%	1.0%	4.2%	0.0%	3.1%
住宿和餐饮业	94.2%	1.9%	1.9%	0.0%	0.0%	0.0%	1.9%	0.0%	3.8%
信息传输、软件和信息技术服务业	93.2%	0.0%	10.8%	0.0%	4.1%	1.4%	1.4%	1.4%	0.0%
金融业	96.0%	0.0%	8.0%	0.0%	2.0%	0.0%	0.0%	0.0%	6.0%
房地产业	84.6%	0.0%	30.8%	7.7%	0.0%	0.0%	0.0%	7.7%	0.0%
租赁和商务服务业	91.4%	2.9%	2.9%	0.0%	0.0%	0.0%	2.9%	0.0%	0.0%
科学和技术服务业	100.0%	3.1%	12.5%	0.0%	3.1%	0.0%	0.0%	0.0%	0.0%
水利、环境和设施	60.0%	0.0%	30.0%	0.0%	0.0%	0.0%	10.0%	0.0%	0.0%
居民、修理和其他服务业	95.7%	0.0%	13.0%	4.3%	0.0%	0.0%	0.0%	0.0%	0.0%
教育	90.6%	2.7%	7.0%	0.4%	5.1%	1.1%	6.0%	0.5%	2.3%
卫生和社会工作	90.9%	3.6%	8.2%	0.0%	6.4%	0.0%	0.9%	0.0%	5.5%
文化、娱乐和体育	100.0%	0.0%	20.0%	0.0%	0.0%	0.0%	0.0%	0.0%	0.0%
公共管理、社会保障和社会组织	92.2%	0.0%	9.1%	1.3%	3.9%	0.0%	2.6%	0.0%	5.2%
国际组织	91.3%	0.0%	17.4%	0.0%	8.7%	0.0%	8.7%	0.0%	0.0%
其他	91.8%	1.1%	5.3%	0.0%	2.1%	0.4%	2.8%	0.4%	3.7%

将消费语言与职业进行皮尔逊卡方检验分析，由分析检验的结果可知，消费语言是否来源于汉语、消费语言是否来源于俄语、消费语言是否来源于韩语与受访者的职业的卡方检验的显著性P值都小于0.05，表示这三种消费语言在不同职业的受访者之间存在显著性差异，具体如表13所示。

表13　　消费语言与职业之间的关系皮尔逊卡方检验表

项目		从事行业
来源于英语	卡方	27.231
	自由度	20
	显著性	0.129
来源于法语	卡方	15.388
	自由度	20
	显著性	0.754
来源于汉语	卡方	51.973
	自由度	20
	显著性	0
来源于俄语	卡方	41.240
	自由度	20
	显著性	0.003
来源于日语	卡方	22.181
	自由度	20
	显著性	0.331

续表

项目		从事行业
来源于阿拉伯语	卡方	9.184
	自由度	20
	显著性	0.981
来源于韩语	卡方	44.667
	自由度	20
	显著性	0.001
来源于西班牙语	卡方	28.930
	自由度	20
	显著性	0.089
来源于其他语言	卡方	18.191
	自由度	20
	显著性	0.575

通过对个体的收入、社会地位、语言学习投入成本及主要原因、语言消费目标及类型等方面进行的统计分析发现，受访者主体教育程度较高，且从事行业较为分散，采集的数据广泛具有代表性，表明调查结果非常具有说服力。在数据分析验证部分，主要验证了受访者的语言消费目标、语言消费类型、消费语言与受访者月收入、职业之间的显著性关系。由语言消费目标和月收入、职业之间的显著关系验证得出，是否因提升自己、工作需要和个人喜好等三个原因选择消费在不同月收入和职业的受访者之间具有显著性差异（$P<0.05$）；由语言消费类型和月收入、职业之间的显著关系验证得出，是否为主要消费语言能力产业、是否为主要消费语言内容产业、是否为主要消费语言处理产业在不同月收入和职业的受访者之间具有显著性差异（$P<0.05$）；由消费语言和月收入、职业之间的显著关系验证得出，消费语言是否来源于汉语、日语、韩语在不同月收入的受访者之间具有显著性差异（$P<0.05$），消费语言是否来源于汉语、俄语、韩语在不同职业的受访者之间具有显著性差异（$P<0.05$）。总体来说，泰国整体的语言消费行为较为健康，且对英语的趋向性十分显著，有助于泰国发展的国际化，进一步表明泰国语言政策的可行性与有效性。

三、基于中观层面的泰国语言产业发展趋势分析

（一）语言产业发展的动力结构分析

任何一种语言产业的发展都必须要依托于相关的载体，如出版、教育、培训、文字信息处理、翻译等，这些载体的形成是以语言产业商业化过程中经济实

现为表现形式的，语言产业发展的动力结构也是由这些因素构成的，其中主要包含：国际贸易、国际投资、跨国人口流动、国际旅游、国际文化交流等，随着上述因素的需求，语言市场化教育逐渐扩展，然后形成产业，并为产业发展提供源源不断的动力。

（二）基于发展动力的泰国语言产业发展趋势分析

1. 国际贸易

泰国国际贸易近年来持续增长，表现为进出口额双向增加的状态。2017年，泰国进出口总额达4605.1亿美元，约为2001年的4倍，其中出口2359.3亿美元，进口2245.8亿美元。由此可见，随着泰国国际贸易的发展，未来对于泰语的需求必然逐渐增加，泰语在东南亚区域的影响力也会逐渐上升。由中国经验可知，随着中国对外经济贸易的增长，中国语言产业已呈现出爆发式增长，笔者预计随着泰国进出口额的进一步提升，未来泰国的语言产业也必将与中国一样爆发出迅猛发展的态势。

2. 国际投资

（1）对外投资。

泰国对外投资从20世纪70年代开始，由于当时的泰国缺乏相关的国际投资人才，且政府对外投资监管力度较大，加上泰国企业规模较小，因此初期的对外投资规模较小，一直发展不起来。直到20世纪80年代，泰国政府开始鼓励企业开展对外投资，尤其是在1997年金融危机之后，泰国对外投资额出现了明显的提升。2005年，泰国对外直接投资仅为5.3亿美元，到了2016年迅速增长为132.3亿美元，11年来增长了25倍。特别是自泰国央行对外投资管控放松之后，泰国的对外投资额飞速增长。泰国20世纪70年代的直接对外投资主要集中在美国、中国香港、日本、新加坡等发达经济体，其投资方式主要以证券投资为主。随着泰国在东南亚地位的提升，近年来泰国更加注重对东南亚国家的投资。2016年，泰国在东南亚地区的投资额为170.92亿美元，占对外直接投资总额的22.27%。随着东南亚对外投资重心与投资形式的转变，泰国对外投资逐渐提升了泰语在对外投资中的作用，泰语在被投资国家和地区逐渐呈现出扩大化的趋势，虽然尚未形成产业，但是在被投资国家的教学体系中已经有更多的学生开始学习与研究泰语和泰国语言产业。

（2）外商直接投资。

在吸引外商直接投资方面，泰国以塑造良好的投资环境为己任，通过旅游节点，吸引了大量外商来泰投资。尤其是在1995—2005年，随着泰国对外开放程度的逐渐提升，泰国政府给予了外商更多的投资优惠，其间，外商直接投资保持在年10%以上的增长率，尤其是经济合作与发展组织成员国在泰投资比重逐渐增加，但是外商在泰直接投资主要以制造业为主。随着中国—东盟自贸区的建立以及东盟经济体的建成，目前，外商直接投资泰国逐渐呈多元化发展态势，且进入了快速发展期。2005年，泰国吸引外商直接投资80.5亿美元，到了2013年，增长到159.4亿美元，增长了近1倍。外商直接投资的多元化，不仅有利于泰语在外商中的传播，同时也有利于泰语随着外商投资走向全球。就泰语产业而言，目前泰国已经发展起了小规模的对外泰语教学机构，为在泰外商提供泰语培训服务，不过这些机构尚未形成有效的产业化发展态势，离成熟尚有较大差距。

3. 跨国人口流动

（1）跨国劳动。

泰国从20世纪80年代开始对外输出劳工，主要输出国为新加坡，同时马来西亚、文莱占比也较大。随着泰国经济的逐渐发展，泰国不仅自己劳工对外输出逐渐减少，到了90年代，泰国开始逐渐由输出劳工转为吸收劳工，劳工主要来自周边邻国。目前，泰国估计有近万名外籍劳工，主要从事建筑、捕捞等行业，泰国政府也针对劳工不足的行业放宽了对外籍劳工的流入限制，尤其是靠近缅甸的边境四府可以有条件地引入缅甸劳工。这些劳工进入泰国后，首先进行泰语学习，针对劳工的泰语培训活动已经形成了一定的产业，但是主要在企业内部执行，而对于自主进入泰国的非法劳工或其他以合法途径进入泰国但泰语不足的劳工并没有针对性的泰语教育机构。

（2）跨国婚姻。

泰国的跨国婚姻比例居世界前茅，主要原因是随着泰国旅游业的发展，很多外国人来到泰国，并与泰国人联姻，特别是由于泰国经济条件有限，且女多男少现象较为普遍，男女比例失衡，导致许多泰国女性选择了跨国婚姻，如冰岛最大的移民人口来源国即为泰国。此外美国、澳大利亚、加拿大等国也有大量因跨国婚姻入境的泰国女性。这些人在当地也会积极推广泰语使用，其后代也大都学习泰语。

（3）跨国留学。

根据泰国国家统计局2002年公布的数据显示，泰国约有4000名外国留学生，到了2013年已经增长到了18814人，约为2002年的5倍，其中，中国在泰国的留学生最多，占比约为35%，其余的多为东南亚国家学生，部分学生来到泰国系统地学习泰语，且回国后大多从事与泰语相关的工作，这对于推动泰语在中国和东南亚地区的发展与扩大化具有重要的意义。

4. 国际旅游

可以说国际旅游是泰语对外传播的首要途径，也是泰国语言产业发展的原动力。2016年，泰国共接待外国旅游人数3260万人，为泰国带来了约530亿美元的经济收入，比2015年增长了13%，保持着强劲的增长动力。目前，泰国国际旅游是泰国的经济支柱，此外，依托国际旅游，泰国广告广为流传，在中国等东亚地区形成了广泛的影响。借助旅游、广告等，泰国语言产业在东亚的传播逐渐推广开来，虽然传播力度不足，但是范围逐渐扩大，对于东亚地区居民了解泰国具有较高的传播价值。

5. 国际文化交流

泰国的国际文化交流多依靠东盟等国际组织开展，尤其是多个东南亚国际组织的总部设立在泰国，通过开展各种东南亚国际文化交流，可以进一步促进泰语在东南亚各个国家间的传播，提升泰语在国际上的影响力。

四、基于宏观层面的泰国语言政策梳理及分析

（一）泰国语言推广过程及政策梳理

1. 泰国语言推广过程

自13世纪泰国建国后，泰语便成了泰国的国语，并在泰国广泛使用。根据不同区域，泰语大致可分为四个部分，即南、中、北和东北泰语。泰国政府在推行泰语时，规定以曼谷地区为中心的中部泰语作为泰国的标准语，也就是泰国的官方语言，这与我国的“普通话”较为类似，都是以首都地区的语言作为标准语，进行全国普遍化推广。为了进一步强化泰语在泰国的主体地位，泰国政府采用强制性手段在全国推行泰语，并限制其他语言发展，也进一步促进了其他民族与泰族的融合。

1978年前，泰国在语言上仅分为泰语与外语，外语包括：英语、汉语、马来语、高棉语、少数民族语等多种语言。1978年后，泰国政府将语言进行了进一步的划分，共分为四类：泰语、外语、区域语（方言）和少数民族语，将汉语、马来语、高棉语均划分为少数民族语。

20世纪50年代，泰国开始对北部与东北部进行泰语推广政策，在北部与东北部修建学校，派遣教师进行泰语教学。随后，北部与东北部地区的少数民族语

逐渐消失殆尽，统一到了泰语语言范围区，泰语化较为成功。

不过，泰国南部的泰语化发展受到了马来语的冲击。由于泰国南部与马来西亚接壤，尤其泰国南部的宋卡、陶公、北大年、也拉、沙墩等五府（省），马来族人占比多达七成，信仰伊斯兰教，因此，马来族人更愿意使用马来语。在泰国政府推行泰语的过程中，采取了过激策略，如关闭伊斯兰学校，因而引发了马来族的武装抵抗。随后，泰国政府采用了温和的泰语推行政策，不再强制马来人使用泰语，但是推行效果不佳。2000 年以来，泰国南部依旧存在诸多伊斯兰狂热分子，他们对学校、警察局以及寺庙等进行恐怖袭击，甚至枪杀泰语教师，泰语推广异常困难。目前，除了南部，泰国其他地区已经全部进行了泰语标准化推广，其他语言已经消失殆尽。

2. 泰国语言政策梳理

泰语在推广的过程中主要采取了以下三种政策：

（1）强制性推广泰语。

泰国政府规定，泰国的泰语教育从幼儿园开始，随后进入九年义务教育，在教育阶段泰语始终是学生的必修课。即便进入大学，非泰语专业的学生也必须要学习 1—2 年泰语。虽然泰国并没有制定其官方语言政策，但是很显然，在执行过程中，推行标准泰语是强制性的，且经过多年的发展，泰语已经成为泰国公民普遍的日常用语，也确保了少数民族可以通过泰语融入泰国社会当中，泰语也成了各地区民族融合的主要渠道。尤其是很多华人到了泰国之后，学习泰语、取泰国名字是其融入泰国社会并获得泰国社会认同的重要方式。

（2）接纳并积极发展英语。

泰国作为中国和欧美国家的重要旅游目的地，是 26 个国际和地区组织总部所在地，在国际化发展过程中，英语已经成为泰国的第二语言。尤其是随着旅游业与服务业迅速发展的曼谷和芭提雅等城市，服务人员基本掌握了熟练的英语，甚至路边摊主都可以用英语与顾客进行交流。英语在泰国学校也是必修语言，得到了泰国政府的接纳并积极发展。

早期，泰国接纳并积极发展英语教育的理由主要有以下两点：首先，英语是国际语言，是开展国际交流的必要工具；其次，泰国作为国际旅游目的地，很多学生离开学校主要服务于旅游业或者对外贸易业，因此，学会英语对增加学生的就业机会也具有重要意义。在 20 世纪 70 年代，泰国政府即开始推行英语教育，目前，英语在泰国已经发展得十分成熟。此外，随着近年来东盟一体化的发展，东盟已经确定将英语作为东盟的通用语。泰国教育部部长曾表示，泰国作为东盟的主要倡导与推动国家，在东盟一体化的过程中必须要做出表率作用，因此，泰国进一步加强了英语教育，英语在泰国得到了大力发展。

（3）不同的汉语与马来语政策。

在泰国，除了官方语言泰语和第二语言英语之外，使用人数最多的就是汉语和马来语。由于近代中国战乱导致大量华人迁移到泰国，中国华南地区的方言也随之带到了泰国，现代泰语中也有很多元素来自汉语。而马来语对于泰国而言相对棘手，泰国一直采用打压政策，也导致了较为强烈的反抗。初期进入泰国的华人不仅自己使用汉语，还在泰国开办了大量的汉语学校，教授在泰华人子女学习汉语。但是，随着泰语普及政策的实施，汉语教学机构不断受到牵连，不仅强行要求汉语学校教授泰语，且要求学校必须缩短汉语教学时间，从而对汉语教学进行打压，力图实现对华人的泰化。20世纪80年代以后，很多第二代、第三代的华人已经不会说汉语了，汉语在泰国形成了严重的断层。但是进入20世纪90年代后，随着中国改革开发的发展，我国经济快速增长，泰国政府迅速改变了对汉语的打压态度，1992年甚至在内阁通过教育政策，将汉语列入了中小学选修课程。1998年，泰国教育部也将汉语列为入学考试外语课程之一，凡是报考文科的学生，可以在汉、法、德等外语中任选其一报考，汉语教育在泰国逐渐复苏。尤其是近年来中国游客大量涌入泰国，很多服务业从业者开始学习汉语，泰国第三代、第四代华人移民对于汉语的学习热情高涨，也得到了泰国政府的支持。

（二）泰国语言政策完善的思路及建议

笔者认为未来泰国语言政策发展思路主要有以下几点：

（1）泰国政府应努力提高泰语在世界经济中的参与度，确保泰语更和谐地与其他重要国际语言相处，并不断通过输出泰国文化，提高泰语在世界范围内的影响力。

（2）充分意识到在全球经济与政治一体化发展下，重要语言的覆盖性作用，确保重要语言在泰国均有所涉及，制定多边语言政策。例如：英语、汉语、日语等重要语言的发展政策，在大学教育中，广泛开展多语言教育，为学生提供更多的语言选择与学习机会，培养多语言人才，确保在未来发展中可以利用多语言抓住更多的发展机遇。

（3）充分重视与语言政策密切相关的教师、教材、课程等关于语言教学内容的开发与设计，提高教学水平，为全面普及语言政策提供良好的通道保障。

笔者提出的上述政策的完善思路及建议是以英语作为全球通用语为背景，并基于中国经济发展，同时也基于进一步促进泰语语言产业发展提出的语言政策。尤其是语言产业，作为一个特定的关系系统，只有规模才可以形成效益，在现代化的进程中，也只有不断调整国际语言策略，才可以在国内、国际上寻找到最佳的平衡点，确保本国语言的发展拥有更多的空间。

五、结束语

泰国语言政策未来发展必然依旧是标准泰语一语独大，在其他语言稳定发展、双语或者多语化的基础上，实现实用语推广。泰语在泰国社会发挥整体的黏合效应，尤其是对于区域性泰语和少数民族用语的推广任务仍未全部完成，后续的泰国语言政策还需要进一步对区域性泰语和少数民族用语进行深化渗透，从而提高泰语在泰国的主体性。未来，随着经济的发展，以及泰国对外交流与旅游业的需求，泰国外语政策应采取多语发展策略，开发国民对于语言的掌握熟练度。尤其是根据调查显示，泰国各个收入阶层与职业均对于学习语言提升自己具有很大的需求，也是未来泰国面对激烈的国际竞争力的重要保障。对于汉语的推广，泰国政府可以进一步吸引更多的中国人前往泰国旅游、经商，融入中国提倡的中国—东盟自由贸易区建设、"一带一路"建设、构建人类命运共同体等国际发展大趋势，全面改善自己的战略姿态，从而借助中国发展的东风获得更多的发展机会。

参考文献

［1］陈兵．泰国的语言政策——东南亚国家语言与文化身份认同研究系列论文之一［J］．沿海企业与科技，2015（1）：45－47.

［2］李艳．语言产业视野下的语言消费研究［J］．语言文字应用，2012（3）：25－32.

［3］吕晶晶，廖锦超．论泰国的语言政策［J］．科技信息，2011（30）：31－31.

［4］肖志魁．不同语言、文化和政策下的汉语教学异同——泰国语言政策对泰国汉语教学的影响［J］．课程教育研究：学法教法研究，2016（29）：55－56.

［5］贺宏志．发展语言产业，创造语言红利——语言产业研究与实践综述［J］．语言文字应用，2012（3）：9－15.

［6］赵燕．泰国语言政策初探［J］．东南亚纵横，2012（7）：42－45.

［7］吴佳．论泰国语言政策对汉语在曼谷地区传播的影响［D］．西安：西安外国语大学，2013.

［8］SIRIWAN WORRACHAIYUT．浅析泰国语言政策与汉语教育政策［J］．海外华文教育，2012（1）：105－110.

中国—东盟合作

中国—东盟旅游服务贸易发展问题研究*

曹秋菊

（广西财经学院　金融与保险学院，广西　南宁　530003）

摘　要： 随着世界经济的纵深发展，各国对保护环境日益重视。产品附加值高、环境破坏率低的服务贸易逐渐成为国家创造财富的主力军，也逐渐成为各国关注的重点对象，拥有广阔旅游资源的中国和东盟各国正在努力发展旅游服务贸易。中国旅游服务贸易经过40余年的不断发展，已经有了较为成熟的运营方式和固定的主要贸易伙伴。东盟所处的地理位置有着宝贵的旅游资源，旅游业逐步发展成为东盟国家的支柱产业，更是因为同中国紧密相连，双方在旅游服务贸易的合作逐步深化。要充分发挥中国—东盟旅游服务贸易发展的有利因素，特别是中国—东盟自贸区在旅游服务贸易中起到了很重要的作用，它的影响不容小觑。但中国与东盟在发展旅游服务贸易的过程中仍然存在不少问题，本文从政府和企业两个层面提出了促进中国与东盟旅游服务贸易发展的对策建议。

关键词： 中国—东盟　旅游服务贸易　有利因素　问题　对策建议

［中图分类号］ F590　**［文献标识码］** A　**［文章编号］**（2020）01－0046－14

一、文献综述

从国外研究来看，Ehsan S，Begum R A，Leman MS（2016）从需求侧、供给

* ［项目资助］广西财经学院博士科研启动经费课题“新形势下国家经济安全与我国对策研究”。

［作者简介］曹秋菊，女，湖南衡阳人，广西财经学院金融与保险学院教授、硕士研究生导师，经济学博士，研究方向：世界经济理论与投资。

侧和相关因素方面研究了东南亚国家三个主要的地理自然旅游市场，揭示了马来西亚强大的地理自然旅游竞争力，认为马来西亚利用自身优势促进了地理自然旅游业的发展。Bouchon F，Rawat K（2016）研究了整个东盟地区不同类型的旅游能力建设情况，回顾了创新方法如何成功地将当地社区的需求与全球旅游业的期望联系起来，分析了来自泰国、印度尼西亚和马来西亚的三个案例的二手数据，以考察社区、能力建设过程对当地旅游业的影响。研究结果表明，特定社区培训项目所激发的创新做法能促进社区社会经济发展，对旅游业产生积极作用。Zhang X Y，Cui K（2017）提到，随着世界经济的繁荣和国际交往的扩大，旅游业已经成为世界上最大的产业，各国都在努力开放和参与竞争。Wang L，Li S（2018）提出，利用互联网技术提供旅游服务已成为一种新的方式。Sharon G M K，Andrei O J K（2018）提出，在世界许多地方看到成功的区域合作促进了全球旅行和旅游业，东南亚地区是这一全球一体化与东盟建立的核心。Kim Y，Kim C K，Lee D K，Lee H W，Andrada R II T（2019）认为仅通过实地调查难以评价基于自然旅游的空间游客模式及其特征，且成本高、劳动强度大。然而，了解一个保护区的游客状态是至关重要的，因为它可以强烈地影响自然资源的可持续性。为此，他们提出并应用社会大数据对东盟遗产公园的自然旅游进行调查，有效地利用 Flickr 10 年的地理标签照片来说明游客的空间模式，确定了高游客量的热点，同时揭示了分布支流的局部空间影响。Zhang C M，Weng S X，Bao J G（2020）认为中国旅游业发展的总体地理格局可以概括为“东高西低，南高北低”。与此同时，中国入境旅游长期以来呈现出两极分布的格局，而国内旅游业则经历了由两极分布向均衡分布的转变。

从国内研究来看，基于中国国际旅游服务贸易的主要研究有：冯严超（2016）认为，中国旅游业在服务质量和层次上与发达国家相比仍有较大的差距，近年来中国旅游服务贸易由顺差转为逆差且幅度越来越大。刘敏（2019）提出，中国旅游服务贸易呈现出贸易规模逐渐扩大、出境旅游服务规模不断增加、旅游服务提供模式多元化发展等基本现状，影响中国旅游服务贸易国际竞争力的主要因素有旅游服务生产要素、国内旅游服务需求、旅游服务产业发展、政府扶持旅游力度等，并提出提升中国旅游服务贸易的国际竞争力的策略。何静（2019）认为，随着中国经济的快速发展、居民收入水平的不断提高，人们对生活质量有了更高层次的追求，旅游已经演变成为一种新的社会潮流，渐渐成为广大国民生活中的重要组成部分，消费结构正发生着巨大的变化。张朝云（2019）提出，改革开放以来，中国旅游服务贸易发展迅速，在该贸易领域的竞争力也显著提升。田纪鹏（2019）提到，中国是否存在较大的旅游服务贸易逆差、贸易差额的形成机制和如何平衡发展旅游服务贸易的各个环节是当前中国旅游业发展中面临的新的重大现实问题。郑慧礼、徐洁香（2019）认为，旅游服务贸易的文化差异影响十分明显，同时进口国与本国的GDP发展水平也存在一定的影响。基于中国与东盟国家旅游服务贸易的主要研究有：程成、周泽奇、宋建林（2017）提出，相对于进出口贸易而言，中马双边旅游更容易受到社会、政治等领域的事件的影响。李志勇（2017）提出，中国与东盟之间应当在未来对于旅游签证便利化、旅游产品研发等领域加强合作。刘娴、周青（2018）提出，随着CAFTA建设的深入推进，中国和东盟双方在旅游领域做出了高水平的开放承诺。李好、王耀华、刘志超（2018）提出，广西运用与东盟的地缘关系优势，逐步加深与东盟的服务贸易合作，助推自身综合实力的提升。对于中国与东盟在旅游服务贸易发展过程中的问题，刘庆（2019）运用出口市场占有率指数、TC指数、RCA指数、MI指数四个指数测评中国与东盟旅游服务贸易竞争力，进一步借助"钻石模型"分析了影响中国旅游服务贸易竞争力的主要因素，认为增进沟通互信、妥善处理区域间旅游贸易深化合作将有助于提升中国旅游服务贸易竞争力，开辟中国—东盟旅游合作新前景。

二、中国与东盟旅游服务贸易发展现状

（一）中国旅游服务贸易发展现状

1. 旅游服务贸易具有重要地位

随着时代的进步和产能的更新换代，中国的服务贸易正在蒸蒸日上，其中的旅游服务贸易不断发展，在众多的服务业中占据了一席之地，加上国家为发展第三产业提供的政策支持，使得旅游服务贸易逐渐成为GDP增长的中坚力量。改革开放40多年来，中国旅游消费增长速度高于国民经济增长速度，也高于世界旅游消费整体的增长速度。按照2018年中国服务分类进出口统计，中国旅游服务贸易的贡献可见一斑（见表1）。

表1　2018年中国服务分类进出口情况表　金额单位：亿美元

服务类别	进出口		出口		进口		贸易差额
	金额	同比（%）	金额	同比（%）	金额	同比（%）	
总额	7918.8	13.8	2668.4	16.9	5250.3	12.2	-2581.9
运输	1505.9	15.7	423.0	14.0	1082.9	16.5	-659.9

续表

服务类别	进出口		出口		进口		贸易差额
	金额	同比（%）	金额	同比（%）	金额	同比（%）	
旅行	3162.9	7.7	394.5	1.7	2768.3	8.6	-2373.8
建筑	351.8	8.2	265.8	11.1	86.0	0.3	179.8
保险服务	168.0	16.2	49.2	21.6	118.7	14.1	-69.5
金融服务	56.0	5.4	34.8	-5.7	21.2	31.1	13.6
电信、计算机和信息服务	708.2	50.8	470.5	69.4	237.6	23.9	232.8
知识产权使用费	411.5	23.4	55.6	16.7	355.9	24.5	-300.2
个人、文化和娱乐服务	46.0	31.1	12.1	59.8	33.9	23.2	-21.7
维护和维修服务	97.1	18.5	71.7	21.1	25.3	11.7	46.4
加工服务	176.8	-3.0	174.2	-3.5	2.6	48.5	171.6
其他商业服务	1171.8	12.2	698.9	13.5	472.8	10.3	226.1
政府服务	62.2	20.6	17.5	3.0	44.7	29.3	-27.1

数据来源：国家商务部 http：//data. mofcom. gov. cn/fwmy/cumulativemonthly. shtml.

从表1中的信息来看，中国2018年的旅游服务贸易进出口总额同比增长7.7%，这在所有的服务贸易进出口总额中的占比达到了40%，足见其在中国服务贸易中的重要地位。紧随其后的运输业占比19%，其他商业服务占比15%。但是进口较出口增长得更快，中国的旅游服务贸易逆差较大，相比于货物贸易，中国服务贸易仍具有巨大的发展潜力和广阔的市场资源。在近10年的发展过程中，中国的旅游服务贸易每年都有所增长，这是一个很好的趋势（见图1）。

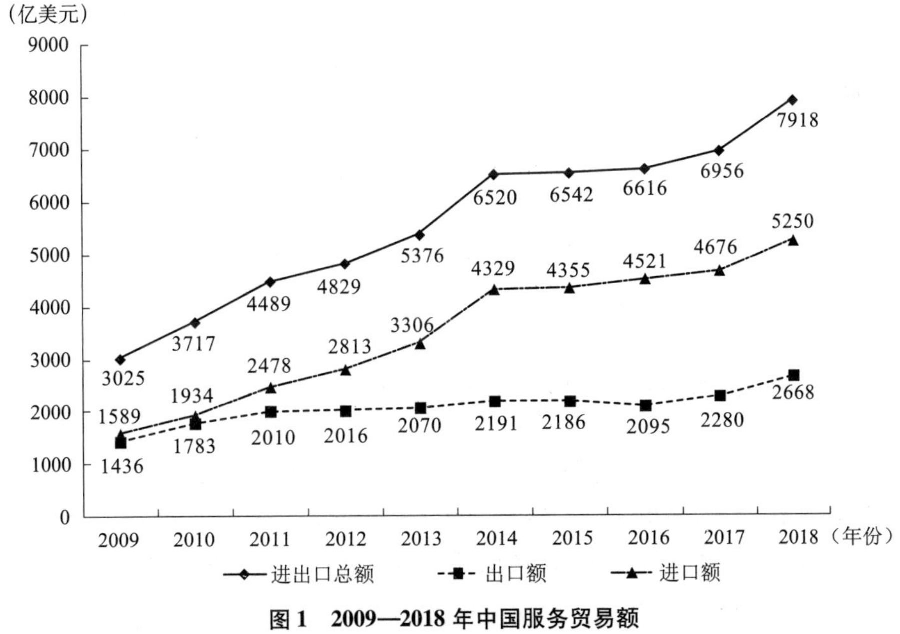

图1　2009—2018年中国服务贸易额

数据来源：国家商务部 http：//www. mofcom. gov. cn/。

2. 出入境游客逐年增加

中国在不断吸引外国资源的同时，随着自身物质资料的不断发展和消费水平的日益提高，越来越多的中国人开始走向世界，出境市场更加发达，具有更大的发展潜力，2018年出境游客首次超过入境游客总数。2019年国内旅游流动总量为60.1亿人次，比2018年增长8.4个百分点；国内旅游收入57251亿元，涨幅为11.7个百分点。入境游客14531万人次，涨幅2.9个百分点。根据2019年国民经济和社会发展统计公报显示，中国国际旅游收入1313亿美元，增长3.3%。国内居民出境16921万人次，涨幅4.5个百分点，其中，因私出境16211万人次，涨幅4.6个百分点。结合中国近10年中国出入境游客总数可以更直观地看到变化（见图2）。

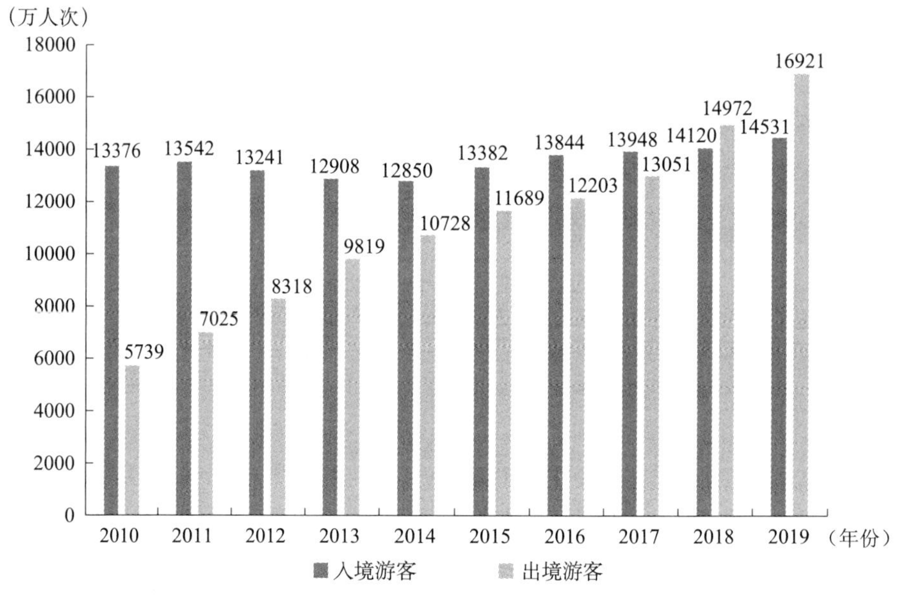

图2　2010—2018年出入境旅游人次

数据来源：文化和旅游部 https：//www. mct. gov. cn。

（二）东盟旅游服务贸易发展现状

1. 旅游服务贸易占有重要地位

随着东盟各国经济的不断发展与全球化的进一步推进，东盟也受益于世界发展带来的好处。在东盟成员国内部的服务贸易构成中，旅游服务贸易的贡献率与所占比例极高。以2018年的东盟服务贸易总额为例，当年东盟服务贸易进出口总额为1221亿美元，旅游服务贸易进出口总额为543亿美元，占比高达44.4%，排在第二位的是运输服务，为124亿美元，占比为10.1%。从以上数据我们可以发现，旅游服务贸易在东盟内具有重要地位（见表2）。

表2　　2018年东盟内部服务贸易分类细览　　单位：百万美元

类别	进出口总额	出口额	进口额
输入性制造服务	3262.01	2198.32	1063.69
保养及维修服务	1088.05	731.87	356.18
运输服务	20791.37	8413.87	12377.50
旅游	54383.44	30949.99	23433.45
建设服务	2133.19	1081.70	1051.49
保险及退休金服务	3826.98	1671.74	2155.25
金融、理财、财务服务	2917.54	2025.91	891.63
知识产权使用服务	1768.67	625.78	1142.89
电信、计算机与信息服务	6816.78	3440.91	3375.86
其他商业服务	23879.16	12451.69	11427.47
个人文化与娱乐服务	823.71	351.81	471.90
政府服务	392.25	137.57	254.68
总计	122083.16	64081.16	58002.00

数据来源：东盟秘书处 https：//asean.org/。

2. 东盟旅游服务贸易规模逐年扩大

东盟国家与世界各大经济体都有着紧密的贸易和投资联系，世界上约23%的贸易和15%的投资是在东盟国家内产生的。东盟的旅游服务贸易正在不断发展，虽然2015年受世界经济危机影响，加之西方国家制造贸易壁垒，东盟的旅游服务贸易发生了短暂回落，但总体上东盟的旅游服务贸易是呈现上升趋势的，2010—2018年旅游服务贸易总额涨幅为26.7%（见表3）。与此同时，东盟同中国达成了多项共识，在过去的2019年，东盟更是历史性地成为中国第二大贸易伙伴，超过位列第三的美国1000亿美元。

表3　　2010—2018年东盟旅游服务贸易进出口贸易情况表　　单位：百万美元

年份	旅游服务贸易进口额	旅游服务贸易出口额	旅游服务贸易进出口总额
2010	17103.94	22721.00	39824.94
2011	20221.94	26563.15	46785.09
2012	23894.46	27929.02	51823.48
2013	25548.22	29894.84	55443.06
2014	26120.36	29972.38	56092.74
2015	23413.93	26749.68	50163.61
2016	21743.78	28965.49	50709.26
2017	22991.14	29991.36	52982.50
2018	23433.45	30949.99	54383.44

数据来源：东盟秘书处 https：//asean.org/。

2020年在河内召开的东盟高级别专题讨论会上，东盟成员达成共识，为了在2025年及以后实现更高的区域内贸易，应努力降低服务贸易成本，确定具有高贸易潜力的新部门和新产品，并继续支持一个开放、包容的贸易体系。东盟需要建设硬性和软性基础设施，包括监管改革和数字基础设施，以及发展人力资本和金融市场，以支持市场一体化。

（三）中国与东盟双边旅游服务贸易发展现状

1. 中国—东盟互为主要客源国

根据中国商务部数据显示，2018年中国入境旅游位列前十的国家中，主要是亚洲国家，其中东盟国家在榜的有五个，缅甸、越南分别位居第一和第二，由此也证明了东盟国家是中国的主要客源国。按出境游客的接待量来看，泰国、越南、新加坡、马来西亚、印度尼西亚是接待中国游客最多的国家，其中泰国是接待中国游客最多的，2018年首次突破了1000万人次（详见表4、表5）。

表4　2014—2018年游客抵达东盟成员国概览　单位：人次

	2014年	2015年	2016年	2017年	2018年
世界	105083770	108903796	115566365	125720989	135268803
中国	13059472	18596288	20339261	25285205	29117608
中国占比	12.42%	17.07%	17.59%	20.11%	21.52%

数据来源：东盟秘书处 https：//asean. org/。

表5　2014—2018年中国游客抵达东盟10国一览表　单位：人次

国家	2014年	2015年	2016年	2017年	2018年
泰国	4623806	7934791	8821148	9806260	10535955
越南	1947236	1780918	2696848	4008253	4966468
新加坡	1722380	2106164	2863669	3228134	3417604
马来西亚	1613355	1677163	2124942	2281666	2944133
印度尼西亚	926750	1260700	1556771	2093171	2139161
缅甸	809399	2102677	183886	996916	963190
柬埔寨	560335	694712	830003	1210782	2024443
老挝	422440	511436	545493	639185	805833
菲律宾	394951	490841	675663	968447	1255258
文莱	38820	36886	40838	52391	65563

数据来源：东盟秘书处 https：//asean. org/。

2. 中国与东盟旅游服务贸易合作不断深化

中国与东盟不论是在地缘上还是历史上，关系都十分密切。随着全球经济的快速融通和发展，为谋求合作共赢、相互发展，推动该区域合作与开发，双方根据国情和未来发展规划，孕育了诸如泛北合作、澜沧江—湄公河合作、南新走廊等一系列区域经济合作典型范例。

泛北合作，即泛北部湾经济合作区。作为连接中国与东盟的海上纽带，泛北部湾地区以背靠广西的优势条件、蕴藏的海底资源、达成的合作共识和良好的发展前景得到了充分的政策支持，泛北合作也因此成为中国与东盟国家的着重发展对象。其深远意义是将中国与越南的经济合作进行拓展，隔海相邻的菲律宾、新加坡、马来西亚和印度尼西亚等国家也参与到经济合作之中，有效推动了地区服务贸易的发展。

“澜湄合作”，即澜沧江—湄公河合作，是为了更深入推动中国与东盟国家的战略合作关系，为了提供更多机遇、展望美好未来而展开的合作，其中加强双方的旅游服务贸易是合作的核心之一。涉及旅游服务贸易的主要包括完善澜湄沿线国家的基站通信，铺设稳定的通信网络。统一公路、铁路建设标准，加快澜湄地区交通体系现代化。制定重点基础设施项目方案，推进基础设施完善化。制定便捷的落地签政策，促进旅行便利化。在澜湄地区建设互联互通综合信息网络，落实贸易便利化等。“澜湄合作”极大地推动了中国与东盟的服务贸易，借助自然河流促进贸易进程的新思路正在不断地为双方发展带来长远利益。

南新经济走廊，即“南宁—新加坡经济走廊”，从中国广西南宁始发，途径泰国曼谷、越南河内、马来西亚吉隆坡、老挝万象，最后抵达新加坡，沿途再拉动缅甸和柬埔寨，共计七国的陆上经济大动脉。虽然南新走廊在越南、老挝境内铁路等级较低，但综合来看，南新走廊其他路段等级较高，为中国开展旅游服务贸易提供了便利，同时也推动了东盟内部的一体化进程。

中国与东盟根据目前达成的合作有效推动了地区经济发展，相信在不久的将来可以实现更多的合作计划，为中国—东盟旅游服务贸易创造更多发展机遇。

三、中国—东盟旅游服务贸易发展存在的问题

通过 40 余年的政策扶持和改革创新，中国旅游服务贸易有了长足进步，为国家创造的财富也快速增长。但是，中国与东盟国家的旅游服务贸易合作还存在一些问题，其中比较突出的问题如下。

（一）中国与东盟各国的旅游服务贸易发展水平差距大

虽然中国与东盟都看重旅游服务贸易的发展前景，但中国与东盟各成员国的合作存在一定差距。例如，旅游服务贸易额最高的泰国与最低的老挝相比，合作差额相差 50 倍之多。东盟成员国的新加坡、泰国等是中国重要的客源国，来华的游客也最多。而旅游业不发达的老挝、文莱等国，每年来华游客不到 10 万人次，显然旅游服务贸易不能与其他成员国相比。对旅游服务贸易重视程度不同的

主要动因还是经济发展水平，东盟整体相对落后同中国的差距导致了服务贸易上的分歧。同时，各国对服务贸易做出的承诺也不相同，造成中国与东盟开展合作时缺乏统一意见，一些大型基础设施的建设也因此搁置，这对中国—东盟旅游服务贸易深化合作造成了一定的困难。

（二）东盟交通体系不发达

中国与东盟的现代化互联互通交通网络尚未形成，航班班次和起降地较少，仅在首都和少数的一线、新一线城市开通航班，就近的城市，如北海、防城港等航班尚未完全开发，交通便捷度低，游客从始发地到目的地所花费的时间和金钱变相增加，这对游客来说得不偿失。此外，东盟国家的铁路速度慢，而且双方铁路轨道标准不一致，没有形成一条四通八达的陆路运输网络。发达的水路运输体系也是形成水运网络的天然优势，但是该地区流经区域有老挝和缅甸贫穷国家，政治环境不稳定，安全问题突出。

（三）中国与东盟人文差异较大

中国与东盟的人文差异也是阻碍旅游服务贸易的问题之一。大多数的中国民众属于无神论，而东盟的大多数国家都有宗教信仰，例如以上座部佛教为主的泰国、缅甸等，也有以伊斯兰教为主的马来西亚，以基督教为主的新加坡等。官方语言中，东盟大多数国家沿用了本国的语言，只有菲律宾和新加坡使用英语，旅游时的语言障碍也影响着双方的旅游发展。尤其是小语种人才的稀缺，在跨国出游时旅客很难找到通晓多国语言的导游，这对游客的流量也有一定的负面影响。

（四）中国与东盟各国旅游开放程度不均衡

中国通过改革开放以来取得的成绩，旅游业及相关产业得到了充分的发展，对外开放程度也相对较高。反观东盟国家内部，泰国、新加坡一些旅游业发展较早的国家对旅游业的扶持力度也相对较大，而老挝、柬埔寨等起步较晚，开放程度也相对较低，这导致了东盟内部政策也存在不一致。此外，东盟各国对中国旅游业的开放承诺也并不完全开放。例如，越南对外国旅游企业的业务范围方面的限制是必须为合资企业等；有些国家对外资的旅游企业也有限制，外国导游入境服务也被禁止。更有甚者采取贸易壁垒来限制外国服务，如游客出入境手续办理烦琐、限制签证数量、提高手续费等问题，以提高出入境难度影响交易效率，达到保护国内旅游市场的目的。但这样的做法流失了更多的国际资源，东盟的发展也因此受到限制。

四、中国—东盟旅游服务贸易发展的有利因素

（一）双方利用区位优势进一步扩大旅游服务贸易

服务贸易正在日益成为中国与东盟贸易往来的主要方向，这其中，如何将占有最大比例的旅游服务贸易不断扩大优势尤为重要。虽然，中国与东盟在诸多合作领域达成一致，但一些细枝末节的协商和规定仍有进一步细化的空间，此外，中国与东盟合作的另一大优势就是地缘，因此，中国和东盟各国之间可以利用水陆相连的区位优势，通过自贸区来解决问题，以实现共同发展。

中国的云南、广西与越南、老挝、缅甸的北部边境接壤，澜沧江—湄公河实现了与柬埔寨、泰国的沟通，南海与新加坡、菲律宾、马来西亚、印度尼西亚和文莱隔海相望，形成了优越的地理位置关系。中国与东盟可以充分利用区位优势条件，对历史遗迹、文化遗产的开发加以保护；对民俗传统、古老节日加大宣传；适时举办两地旅游文化交流会，促进两地旅游文化交流；适当开发一些旅游纪念产品，开辟产品市场；最重要的是，要以保护自然资源为主，实现旅游资源的可持续利用。

（二）利用旅游市场互补性扩大市场规模

中国幅员辽阔、地大物博、历史悠久、文化多样性极其丰富，不仅有桂林山水、五大连池、壶口瀑布、版纳雨林等秀丽的自然风光，还有万里长城、苏州园林、香格里拉、布达拉宫等丰富的人文文化遗产。丰富的旅游资源不仅使中国迅速发展成为亚太地区的旅游大国，更是让中国通过旅游服务贸易获得了大量外汇，拉动了经济增长。

东南亚有着得天独厚的地理位置，马六甲海峡也是联系世界各大洲贸易的重要枢纽，每天都有数不胜数的船只由此经过。东盟各国有着很多世界著名的旅游胜地，比如泰国普吉岛、越南下龙湾、柬埔寨吴哥窟、印度尼西亚巴厘岛、马来西亚西巴丹岛等。

中国旅游资源与东盟各国旅游资源具有互补性。例如，中国每年都有大量的游客，而东南亚的旅游景点相对于国内的一些景点消费更低，因此一部分的中国人会选择东南亚旅游。中国与东盟各国旅游资源的互补性，既有助于促进中国与

东盟之间战略合作伙伴关系的发展，又有利于中国与东盟之间共同建成亚太地区乃至世界最重要的国际旅游目的地。

（三）自贸区为开展国际旅游合作提供平台

2010 年 1 月 1 日，中国与东盟国家共同组建的中国—东盟自由贸易区（China and ASEAN Free Trade Area）正式全面启动。自贸区建成后，成为由 11 国领导、近 20 亿人口、GDP 达 6 万亿美元的巨大经济体。自由贸易区的目标包括实现该区域的自由贸易、该区域生产要素的自由流动以及协调各国的经济政策，包括商品和服务贸易的自由化。旅游服务贸易自由化应逐步开放服务业市场准入，实行国民待遇，消除旅游服务贸易壁垒等措施，促进旅游服务贸易的发展。中国—东盟自由贸易区国家可以利用本地区国家的地缘关系，整合本地区特色旅游资源，促进本地区旅游服务业的发展。

2019 年 8 月，国务院决定在自贸区基础上开辟广西自由贸易试验区，以此提供同东盟开展服务贸易更多的合作平台。广西可以借此机会发展、壮大自身实力，并利用好与东盟的海陆优势，拓宽旅游服务贸易渠道，推进西南地区建设。

五、中国—东盟旅游服务贸易发展的对策建议

（一）政府层面

1. 加大投资力度

旅游业及其相关产业所涉及的领域非常广泛，不仅要加强对旅游业的投资，还要加强对基础设施建设的投资。一般来说，跨国基础设施的建设涉及的资金数额大、建设的周期长、需要协商的条款繁多，仅仅依靠政府投资是不够的，需要中国—东盟双方的配合、各国共同出资。对于东盟诸多欠发达国家来说，需要金融机构的支持，要充分发挥亚洲基础设施投资银行（以下简称"亚投行"）的作用。因此，中国政府应通过亚投行进行资金筹集，有效解决中国—东盟交通设施建设中资金短缺的问题，促进中国—东盟"互联互通"建设，提升中国—东盟旅游服务贸易发展。

2. 促进综合素质高的旅游服务人才培养

综合素质高的旅游专业人才的匮乏是阻碍中国与东盟旅游服务贸易发展的因素之一，因此，培养综合素质高的旅游服务人才也必然成为中国旅游发展的核心

目标之一。新时代对旅游人才的要求有了新的变化，不仅仅是书本的理论知识与良好的外语能力，还需要有较强的团队管理能力。随着线上购票和酒店住宿的发展，对电子商务的使用也纳入了考核标准，身在国外还需要了解国际旅游的法律法规和当地的法律文件。针对旅游业管理和营销人才的缺乏，政府应鼓励国内高校与东盟各国高校开展学术交流以及相互派遣留学生，增加旅游专业学生在境外学习和亲身实践的机会，拓展旅游管理知识，提升旅游管理与营销能力。

3. 建立发达交通体系

旅游服务贸易是一种综合性服务，发达的交通体系可以极大推动旅游服务贸易的发展，因此加快互联互通和建设交通枢纽被提上日程。发达的交通运输体系不仅能够推动地区基础设施的进一步完善，还能够促进旅游服务贸易的增长。在与东盟的旅游中，航空和铁路是进入目的国的主要途径，航空和铁路条件的好坏直接影响了旅游服务贸易。所以，政府可以通过开通新航线、增加航班量、建设标准一致的泛亚铁路来拉动旅游发展，在符合法律法规的前提下适当放宽出入境的限制，可以吸引更多的游客。同时，开通的国际航线可以不局限于首都，开通其他重要城市的航班也可以促进旅游的发展，中国目的城市主要可以选择旅游景点集中的城市，如上海、广州、杭州、西安、昆明、南宁，这些城市也可以作为开辟东盟市场的航班城市。铁路的不断完善也可以拉动旅游服务贸易发展，不同的游客群体有不同的需求，有的游客喜欢在火车上感受沿途的风景变化，因此，铁路建设也可以促进旅游服务贸易的发展。

（二）企业层面

1. 提升旅游企业管理水平

中国虽然各式各样的旅游企业不胜枚举，但是品牌效应相对较差，管理上还存在很多漏洞，同行业竞争能力薄弱。随着中国对东盟国家的政策不断放宽，东盟国家以旅游为盈利目标的企业开始进入中国市场，外国企业的涌入也意味着对国内企业的冲击加大。为了能够在严酷的竞争环境下生存下来，中国旅游企业必须进行大换血，例如可以通过国家控股、多企业联合改组合并等方式，达到规模化经营，以强大的资本、技术和人才优势提升竞争力。同时，中国可以建立跨国大型旅游企业，入驻东盟市场，寻找当地合适的合作伙伴，并借此机会占领东盟旅游市场。

2. 增强营销推广力度

中国许多地区，尤其是西部地区，旅游资源丰富，甚至具有一定的国际垄断地位，对东盟国家的游客具有很大的吸引力，可其市场表现并不好，主要是因为中国企业的营销方式还需要改进。企业要充分利用宣传渠道，比如赞助东盟国家有影响力的企业，借助它们的影响力间接推广中国的旅游产品；利用中国著名的明星的知名度，为旅游企业代言，拍摄短片，通过不同媒体渠道播出。除此之外，中国美食也是吸引游客的主力军，旅行社可以适时推出"美食体验之旅"。

3. 发展旅游电子商务

随着信息技术的发展，电子商务也开始不断涉足旅游服务贸易。通过电子商务可以将旅游景点、旅游企业、酒店住宿和消费者整合在一起，使信息更加透明，让消费者更便捷地搜索到自己心仪的目标。而且，利用电子商务平台，消费者能够直接购买旅游产品，再通过物流运输拿到商品。

中国目前的线上旅游 APP 主要涉及的是空铁购票、酒店住宿、美食购物，线上网站可以通过提供实体信息来提供旅游服务。目前，中国已经拥有了一些实力较为雄厚、发展相对成熟的电商平台，例如携程、艺龙等。中国—东盟旅游服务贸易的发展，不能只依靠政府，旅游企业可以通过掌握电子商务技术分担政府压力，可以通过线上电子商务提供攻略、景点宣传、酒店折扣等便利，在发展的同时也应该注意网络安全，维护好线上秩序。

参考文献

[1] Ehsan S, Begum R A, Leman M S. Competitive advantage of geotourism market in Malaysia: a comparison among ASEAN economies [J]. Procedia - social and behavioral sciences, 2016, 219 (5): 228 - 234.

[2] Bouchon F, Rawat K. Rural areas of ASEAN and tourism services, a field for innovative solutions [J]. Procedia - social and behavioral sciences, 2016, 224 (6): 44 - 51.

[3] Zhang X Y, Cui K. International competitiveness analysis of China international tourism service trade [J]. Journal of simulation, 2017, 5 (3): 93 - 97.

[4] Wang L, Li S. The Current situation and development trend of China's tourism E - commerce [J]. International journal of tourism sciences, 2018, 18 (4): 50 - 54.

[5] Sharon G M K, Andrei O J K. ASEAN beyond talk shop: a rejoinder to regional tourism [J]. Current issues in tourism, 2018 (7): 1085 - 1090.

[6] Kim Y, Kim C K, Lee D K, Lee H W, Andrada R II T. Quantifying nature - based tourism in protected areas in developing countries by using social big data [J]. Tourism management, 2019, 72 (6): 249 - 256.

[7] Zhang C M, Weng S X, Bao J G. The changes in the geographical patterns of China's

tourism in 1978—2018: characteristics and underlying factors [J]. Journal of geographical sciences, 2020, 30 (3): 487 - 507.

[8] 冯严超. 中国旅游服务贸易转型升级探索——基于供给侧改革的思路 [J]. 哈尔滨商业大学学报 (社会科学版), 2016 (6): 106 - 120.

[9] 刘敏. 旅游服务贸易国际竞争力的影响因素及提升对策研究 [J]. 商业经济, 2019 (12): 90 - 91.

[10] 何静. 我国旅游服务贸易国际竞争力与旅游经济研究——评《国际旅游服务贸易》[J]. 国际贸易, 2019 (10): 1.

[11] 张朝云. 中国旅游服务贸易出口竞争力及其影响因素研究 [D]. 合肥: 安徽大学, 2019.

[12] 田纪鹏. 国内外旅游服务贸易逆差研究前沿与展望 [J]. 旅游学刊, 2019, 34 (1): 136 - 148.

[13] 郑慧礼, 徐洁香. 文化差异对我国旅游服务贸易出口的影响 [J]. 北京印刷学院学报, 2019 (6): 63 - 66.

[14] 程成, 周泽奇, 宋建林. 中马出入境旅游与进出口贸易关系辨析 [J]. 中国—东盟研究, 2017 (4): 141 - 160.

[15] 李志勇. "海上丝绸之路" 背景下中国—东盟旅游合作内容、途径及政策建议 [J]. 广东海洋大学学报, 2017 (5): 61 - 67.

[16] 刘娴, 周青. 中国—东盟旅游服务贸易制度保障路径优化探索 [J]. 改革与战略, 2018 (9): 81 - 90.

[17] 李好, 王耀华, 刘志超. "一带一路" 背景下中国深化与东盟经贸合作研究——以桂越、桂马合作为例 [J]. 会计与经济研究, 2018 (4): 106 - 117.

[18] 刘庆. 中国与东盟旅游服务贸易竞争力测评与提升路径 [J]. 经济问题, 2019 (11): 112 - 119.

印、马产业园的比较分析*

靳友雯　张静华

（广西财经学院　财政与公共管理学院，广西　南宁　530004）

摘　要： 随着产业园区的日趋成熟及其在国家和地区经济发展中所扮演的角色逐步被肯定，其成为越来越多地区乃至国家的重要经济发展战略。本文以印度尼西亚产业园区和马来西亚产业园区的财税政策为研究对象，首先对两国产业园的基本情况进行概述和比较，再对两国投资优惠政策、税收优惠政策以及财政扶持政策进行梳理，进而将两国产业园的相关政策进行比较分析，然后根据两国产业园区的发展情况及背景和中国产业园发展经验，从政府层面和产业园层面对产业园提出相关建议和对策。

关键词： 印度尼西亚产业园　马来西亚产业园　财税政策

［**中图分类号**］F13/17　［**文献标识码**］A　［**文章编号**］（2020）01－0060－13

一、印、马产业园概述

印度尼西亚和马来西亚地处东南亚，都是东盟的成员国，两国毗邻，地理位置和气候类似，都横跨赤道，紧邻马六甲海峡，属于热带雨林气候，两个国家都拥有丰富的自然资源，经济政策相差不大。由于发展水平的不同，两国的产业结构有一定的差别；两国产业园既有相似之处，也有各自的特色，通过比较分析两国产业园，可以给中国企业投资和发展提供借鉴意义。

（一）印度尼西亚产业园概况

印度尼西亚作为东盟创始国以及二十国集团（G20）成员国，不仅地理位置

* ［基金项目］广西财经学院税务硕士点学术项目（SWX20180004）。

［作者简介］靳友雯，女，山东济宁人，广西财经学院财政与公共管理学院副研究员，研究方向：财政政策与公共服务；张静华，女，广西平南人，广西财经学院财政与公共管理学院学生。

优越，经济发展也进入到新兴工业化阶段。印度尼西亚利用自身优势，强化外向型制造业，产业园的重点发展行业主要包括农业、工业以及服务业，制造业主要有采矿、纺织、轻工等；农业主要发展品种有棕榈油、橡胶、咖啡、可可等。产业园的发展战略按照总体规划部署和各地区行业结构情况、经济水平、自然禀赋、人口状况等特点，主要集中在爪哇、苏门答腊等“六大经济走廊”。六大经济走廊蕴含丰富的自然资源，为产业园提供各种所需的原材料，以公路和水路为主的运输手段，铁路设施相对滞后，空运发展相当快，但滞后的基础设施问题亟待解决。

印度尼西亚产业园大多数致力于将就地取材优势转化成经济优势，利用当地丰富的矿产资源、森林资源等，打造具有特色鲜明的产业链，让上下游产业得到发展，具有集聚和辐射效应的产业型园区，为入区企业提供基础市场需求及坚实的供应保障。

（二）马来西亚产业园概况

马来西亚作为“亚洲四小虎”，其经济发展成绩十分引人注目，马来西亚推行出口导向型经济，产业园的重点产业主要集中在农业、电子业、服务业、采矿业、制造业和建筑业，非常重视高科技的发展，启动了“多媒体超级走廊”和“生物谷”等项目。马来西亚工业逐渐向技术密集型工业转移，工业体系结构和规模完整，工业产品的附加值不断增加，重点推进资讯科技，它以各种项目计划开放电子资讯、数码科技、网上服务、通信服务。

马来西亚产业园主要集中在马来西亚依斯干达、北部经济走廊、东海岸经济区、沙巴发展走廊、砂拉越再生能源走廊，紧靠港口，地理位置相当优越，拥有四通八达的高速公路、机场和港口铁路，基础设施健全，有多样化的商业设施，以及各种领域的大型的、成熟的外国商业群。

（三）印、马两国产业园的基本情况比较分析

无论是印度尼西亚产业园还是马来西亚产业园，都具有一体化的基础设施和设备以及一站式的服务，如道路、供水、供电、排水、通信以及平整土地等基本配套建设。但从总体上来看，印度尼西亚产业园的基础建设和建园的施工速度较慢，工业基础相对薄弱，很多基础设施滞后问题亟待解决。马来西亚产业园主要依托当地资源优势、发展较为成熟的产业以及大型先进的产业集群，基础设施及服务配套相当齐全、先进，物流及加工配送技术更加发达，更符合产业园的发展需求，印度尼西亚产业园大多数根据印度尼西亚发展而开发的项目，政府会提供大部分基

础设施和政策以达到节省投资者成本的目的，而大大降低构建基础设施的成本。

由于印度尼西亚和马来西亚的工业基础、发展水平以及发展规划不同，所以产业园的类型也有所区别，如表 1 所示，印度尼西亚产业园的类型主要倾向于产业链合作型园区，马来西亚依托先进成熟的产业集群，类型主要是倾向于综合性园区。

表 1　　印度尼西亚产业园和马来西亚产业园

国家	类型	举例
印度尼西亚	产业链合作型园区	印度尼西亚青山园区将建设成为以“镍铁 + 不锈钢”一体化为主体的镍、铬、铁矿资源综合开发利用型产业园区，逐步形成从不锈钢上游原料镍矿开采、镍铁冶炼、不锈钢冶炼，到下游棒线板材加工、钢管制造、精线加工及码头运输、国际贸易等完整产业链。
马来西亚	产业集群，综合性园区	马中关丹产业园的十大重点产业包括：塑料及金属行业设备、汽车零部件、纤维水泥板、不锈钢产品、食品加工、碳纤维、电子电器、信息通讯、消费类商品以及可再生能源。

二、印、马产业园财税政策

（一）两国投资优惠政策

随着产业园的发展对地区乃至国家经济发展正面效益日益凸显，产业园的经营和发展得到政府的支持，优惠政策在吸引投资中扮演着重要的角色。区域经济合作以及全球化发展不断深入，投资项日会收到各种各样的阻碍，导致经济增速减缓，为了吸引国内外投资者的投资，增加竞争力度，政府根据不同地区、国家、产业类型以及发展阶段的园区给予不同的投资优惠政策。印度尼西亚给予的投资优惠政策主要包括基础设施供给、“一站式”服务、企业所得税减免、豁免增值税、减免关税、减免地方政府税收等。马来西亚给予投资者的优惠政策主要集中在土地工作准证便利、投资再投资补贴及税收优惠政策。

1. 国外投资者优惠政策

外国资本对经济发展有重要促进作用，政府重视改善投资环境，主要通过提供相关服务和减税降免税优惠政策，营造低税以及良好的投资环境，印度尼西亚和马来西亚的经济情况和发展水平不同，相关的投资优惠政策也有所区别。两国对外商的财税优惠政策根据所投资的区域和行业进行计划，相应给予有关税收优惠政策。

在投资方面，印度尼西亚投资许可证申请程序繁杂，征地成为阻碍产业园建立和发展的主要因素之一，对此，印度尼西亚政府降低对投资者的监督机制限制，简化投资审批程序，全面实施“三小时准证办理”服务以及“一站式”服务等多种服务方式，印度尼西亚通过减少繁文缛节、完善有关法律法规、对外开放更多投资领域，如制定并颁布 PPP 项目总统规定、简化《投资负面清单》等。而马来西亚积极吸引外商直接投资，制定了较为完善的外国投资法和详细的投资优惠政策，在放宽外商投资领域的基础上，逐步放宽对外资股权限制、外资管制以及外商投资企业产品的内外销比例。

在进出口及人员方面，印度尼西亚对雇用外籍人员不加以限制；马来西亚很重视人才的引进，所以对外籍人才进入的限制极少。印度尼西亚对外资企业用于生产出口产品的自用机械设备、自用生产原材料给予免进口关税或免征一定期限的进口关税优惠；马来西亚则对主要以出口为主的进口原材料和零部件免缴进口税。

在税费优惠方面，印度尼西亚对位于东部的外企在 8 年内减半征收土地和建筑物税，此外，印度尼西亚外企部分开支可列入成本并从毛收入中提扣，主要包括用于教育和培训、研究开发、奖励以及废弃物处理开支。而对于开创性行业，印度尼西亚政府更是为外资承担最长长达 12 年的企业所得税，投资于政府鼓励的重点领域的外资，也可获得高达 10 年的亏损结转或加速折旧。印度尼西亚对保税区以及设在全国 15 个地区的综合开发区的外国投资，政府还会根据项目情况给予一些优惠待遇，另外，投资于基础金属、炼油、石化、机械或电信设备领域、可再生能源的企业，投资额达到 1 万亿印度尼西亚盾以上，自其开始营运后 5—10 年的税款可免除。马来西亚投资的外国企业享受最惠国待遇，经政府核实批准外资，公司自第一笔符合规定的资本支出起 5 年内，可享受合格资本支出的 60%—100% 的税务补贴。此外，马来西亚政府还为经济发展走廊及 12 个国家关键经济领域的投资制订了相应的所得税优惠政策①，如表 2 所示。

表 2　　马来西亚国家关键领域及其所得税优惠政策

国家关键领域	投资优惠政策
对于高科技公司、从事科学研究与开发及在“多媒体超级走廊”内设立电子信息通信科技企业、在兰卡威岛从事豪华游艇维修服务及在马来西亚提供豪华游艇出租服务、在马来西亚设立地区营运总部和采购中心、参与马来西亚工业发展计划的外商投资企业	给予 5 年免缴所得税的优惠
获得“新兴工业地位”资格的外商投资企业	公司可获准减免所得税的 70%—100%，免税期为 5—10 年，5 年内只对公司 30% 的营业利润征缴所得税

① 马来西亚投资政策解读——优惠政策．马来西亚招商网 https：//mlxy. zhaoshang. net/2019 - 03 - 06/706534. html。

续表

国家关键领域	投资优惠政策
涉及国家重大利益和对国家经济发展有重大影响的战略性项目	对机器设备以及零部件，10年内免缴企业所得税
投资于环保产业领域	5年内公司营业利润的70%免缴所得税
财政部核定的粮食生产的企业	10年内免缴企业所得税

2. 国内投资者优惠政策

马来西亚国内和国外投资者在大多数优惠政策上享受同等待遇，但为了实现消除贫困、重新组合社会的目标，马来西亚的"新经济政策"坚持马来民族和原住民优先原则，并根据投资领域、行业、地区给予不同的优惠政策。

印度尼西亚为了鼓励本国更多新投资者的进入，提高制造商的效率和生产力，产业园地产的发展将得到政府的支持，包括简化许可、劳工监管、电力网络和供水等基础设施。部分地区政府寻求整合建造的所有设施，通过提供快速启动或大面积土地扩大的选择，包括半永久性工厂和梯田工厂，以及准备土地建设工厂，以发展经济。此外，本国投资者可以从当地大学和职业培训机构挑选熟练的劳动力。印度尼西亚自建的产业园是经过印度尼西亚政府批准的合格投资项目，在大多数产业园区建厂无须获得建筑许可证，工业园也可获得相关的环境许可证，与外资产业园相比这是一个巨大的好处。对在工业园区建设厂房的投资者给予税收优惠政策①，税收优惠的数额是根据工业开发区的分组确定的，这些激励措施包括减免地方政府税收，例如，地方政府征收的土地和建筑税、土地和建筑使用权使用费、街道照明税等。

（二）两国税收优惠政策

1. 企业所得税优惠政策

为了促进更多新兴产业的发展，印度尼西亚财政部不断出台免税政策。对投资于医药、半导体、电信、有机和无机化学品、铁路、飞机、航运等15项新兴行业，投资额在0.5万亿—30万亿印度尼西亚盾的纳税人，将享受5—20年公司税豁免的待遇。免税期结束后，纳税人将有2年过渡期，这一期间企业所得税按正常税率的50%缴纳②。对自营商业开始营运的5—15年，印度尼西亚财政部将提供10%—100%的企业所得税减免。针对新的投资计划达到0.5万亿—1万亿

① 《关于工业园区的政府法规》（PP）第142/2015号。

② 政策来源：印度尼西亚宣布新兴产业税收优惠政策。https：//www. sohu. com/a/230352554_284463。

印度尼西亚盾的通讯和信息行业，企业所得税最多可减 50%。如果被认定为国家利益所需的行业，其减免时长可延长至 20 年。

在马来西亚，除了认定为新兴工业地位的公司按规定可获得一定比例的所得税优惠外，马来西亚内、外资企业公司所得税税率均为 28%。马来西亚吸引投资的企业所得税优惠主要表现为税务减免的形式，对于投资国家鼓励的新兴工业企业，可获得 5 年的按法定收入 30% 征收所得税；而对于多媒体超级走廊和生物科技公式则可获得长达 10 年的税收豁免，或 5 年合格资本支出全额补贴。

2. 关税优惠政策

近年来，印度尼西亚和马来西亚政府出台了各种优惠政策，鼓励生产投资者出口产品，主要优惠政策是对进口与生产加工出口产品有关的原料、机器设备以及零部件给予减免税优惠。

为了刺激和鼓励各方投资，印度尼西亚对于通过投资协调局批准的项目，优惠政策主要以进口原料和设备时给予经营者关税和附加税的减免优惠两种形式表现，如表 3 所示。

表 3　设备、原料以及部分行业的关税优惠情况

项目	优惠政策
设备	投资者进口主要设备时可享受免税；进口辅助设备时享受减税 50%。
原料	关税税率为 5% 或低于 5% 的生产原料在生产经营的前 2 年进口时免税，关税税率超过 5% 的生产原料减半征税；消耗性材料在生产经营的第 1 年也可获得免税。同时，由国外贷款援助的政府项目在进口原料（包括建筑设备）时，都可以享受到关税减免。
行业优惠	2011 年持续针对地毯、笔、塑料生产、重型设备、电厂变压器、锅炉、汽车零组件、货运汽车、通信装置、电子产品及零组件、飞机维修、食品、火车零组件、光纤电缆、树脂、碳粉及船舶修理和制造等 16 项制造业实施退还进口关税的措施。

印度尼西亚减免税政策的执行还会根据生产制造者类型的不同给予不同的待遇。在享受进口原料、机器设备减免税优惠时，专业出口产品生产者不受配额和许可证限制，而出口商品生产者必须得到资格认可，生产者需提供一份出口产品消耗清单，为了方便监管，进口原料到出口成品期限需在一年内。可列入申请减免税优惠范围主要包括出口需要而国内市场又没有供货或在价格和质量上没有竞争力的原料和设备。要求出口的最低比例占总额的 65% 以上。用于生产出口产品而进口的货物可退进口税。通过一系列的优惠政策，使进入印度尼西亚一半以上的商品可获得优惠待遇。

马来西亚对为出口产品而进口的原材料和零部件的进口税给予一定的优惠。对国内不能生产或虽能生产但质量或标准不符要求的机械设备，免征进口税和销售税。自由工业区域内的企业得以享受免税进口生产所需的原材、零配件、机器及设备。如所需的资源在自由工业区内无法获得，企业申请许可可以在园区内设立生产仓库，同样享有园区内的一切设施及政策。

（三）两国财政扶持政策

印度尼西亚滞后的基础设施建设导致印度尼西亚经济增长缓慢和投资风险加大。通过对政府预算的重新配置，将更多的预算资金投向基础建设领域，使政府部门的规划能力得到改善金额提高，提高预算执行率，使有限资金更为有效地投入到基础设施和生产性领域，基建预算资金每年都在增长，并鼓励国内外投资者投资基础设施；政府部门减少非必要开支，将结余资金投入"海上高速公路"等基础设施和生产性部门，降低印度尼西亚高昂的物流成本。印度尼西亚政府将为国家经济发展规划中的产业园区提供财政激励政策，为所在地区的海陆空运输等基础设施项目提供资金支持，同时建设住房、医疗、学校等园区配套设施。根据印度尼西亚的相关报告，2015—2019 年印度尼西亚政府投资于基建的资金预计达到 4245 亿美元①。

马来西亚中央政府不断鼓励扶持开发和建造新的工业区，全都配有完善的配套设施，如供水、排水、电网、路网以及电子通信等，同时还提供多样化的商业基础设施和配套功能区，如仓储物流、废固处理厂以及消防站等。

三、印、马产业园比较

（一）印、马产业园发展优势与劣势

1. 区位优劣势

印度尼西亚和马来西亚都紧邻马六甲海峡。印度尼西亚产业园主要集中在六大经济走廊。六大经济走廊蕴含丰富的自然资源，为产业园提供各种所需的原材料且水陆空运输较便利，开发空间巨大。马来西亚产业园主要依托港口，地理位置优越，水陆空运输发达，基础设施俱全，有多样化的商业设施，且设施相当齐全，各种领域的大型和成熟的外国商业群相对聚集，商业用地处于饱和状态，竞争较大。与印度尼西亚产业园相比，马来西亚是东南亚地区公路最多、最好的国家，有发达的交通网，产业园竞争力较强，专业和技能人才较多，且允许产业园

---

① 印度尼西亚《2015—2019 年中期建设发展规划》。

引进国内外高科技人员，但员工工资相对较高；印度尼西亚产业园则对引进外国高科技人员有较多的限制。

2. 财税优惠政策

（1）印、马税收结构基本情况。

印度尼西亚和马来西亚的开征的税种划分为直接税和间接税两大类，都以直接税为主，均占本国税收收入的60%以上。如表4所示，我们可以看到两国税收结构简单，直接税和间接税的税种相对较少，两国的税收结构还是有明显的差异。

表4　　印度尼西亚和马来西亚的税收结构

国家	主要直接税	主要间接税
印度尼西亚	个人所得税、公司所得税、留置税	增值税、特别行业税、关税、消费税、印花税以及财产税等
马来西亚	公司及个人所得税、石油税、土地税等	进出口关税、销售税、服务税、国产税等

（2）印、马财税优惠政策的比较。

在产业园的建立和营运中，财税政策的作用不容忽视，财税政策不仅说明了本国的经济水平状况，也对招商引资起到重大的影响。印度尼西亚和马来西亚鼓励投资产业园的主要形式是通过税务减免，但支持的优惠力度有一定的差异。

通过对印度尼西亚和马来西亚财税优惠政策的比较分析，我们可以看到，印度尼西亚和马来西亚企业大多数财税优惠政策是根据行业、投资额、国家政策而给予不同的减免税力度和期限，但印度尼西亚的税率和减免税期限是根据情况在一定范围内波动，更显政策的灵活性，而此做法加大了投资者缴税复杂程度，同时不利于所得税的征管。印度尼西亚和马来西亚给予的关税优惠政策主要是对进口原料、设备以及辅助设备等免征进口税或者给予退税，但是印度尼西亚给予的优惠力度相对较大，但2015年印度尼西亚平均关税税率为37.1%，马来西亚仅为28%，印度尼西亚的关税较高。对于外商投资优惠政策，印度尼西亚提供简便的投资审批服务，此外，免征机械设备、辅助设备以及零配件等资本物资的进口关税和费用；马来西亚则根据所投资的区域和行业对各种优惠政策进行详细计划。

总体而言，马来西亚产业园比印度尼西亚产业园的税收优惠覆盖范围广、支持力度大，此外，马来西亚税收优惠政策具有连续性，税收优惠政策能够相互配合。对于外资而言，尽管马来西亚并非避税天堂及低税国家，但相比其他企业，对于可享受一系列的税收减免措施的企业来说，所缴纳的税率仍远低于正常缴纳的税费。

3. 发展环境

马来西亚作为出口导向型的新兴工业化国家，经济保持了高速持续发展。多年来不断加大引进投资的力度，投资环境优越，但马来西亚实施马来民族和原住民优先的"新经济政策"，政府决策透明度不高，某种程度上对投资者的决策产生负面影响。印度尼西亚基础设施建设严重滞后，在东亚及太平洋地区均处于较低水平；政府效率低下以及腐败现象比较严重，且税收负担较重。为改善投资环境吸引外资，新政府上台后改革和出台政策，依据2017年世界银行营商环境指数，印度尼西亚商业环境排名同比上升15位，在全球190个经济体中排名第91位。但开办企业和执行合同仍然被视为在印度尼西亚投资的主要障碍。印度尼西亚在发展环境方面相对较差，但印度尼西亚很多行业还处于发展初期，自然资源储量丰富以及市场庞大，相比马来西亚饱和的市场和竞争激烈的格局，印度尼西亚的发展空间巨大。

（二）印度尼西亚产业园的发展机遇和威胁

印度尼西亚是世界第16大经济体，也是东盟创始国和二十国集团（G20）成员国，此外，印度尼西亚紧邻马六甲海峡，连接太平洋和印度洋，印政府所打造的"全球海洋支点"战略，与中国的"一带一路"倡议不谋而合，中国企业的加入给印度尼西亚产业园的发展带来机遇。印度尼西亚除了人口红利、自然资源丰富、市场规模等因素外，相较于我国市场饱和、竞争激烈的格局，印度尼西亚许多行业的发展还处于较为初期的阶段。无论是体量、品牌影响力较大的企业，还是规模不大但商业模式成熟的企业，印度尼西亚对于他们来说都是一个更容易获得回报、更具吸引力的地方。

虽然印度尼西亚产业园极具发展潜力，但印度尼西亚产业园的发展也仍面临着许多挑战，全球经济的不确定性成为重要的影响因素。印度尼西亚的压力不仅来自内部，而且面临各种各样的外部因素，特别是全球经济增长放缓的现状。目前，印度尼西亚还存在一系列的问题阻碍产业园的发展。

1. 税费繁杂易变

印度尼西亚实行中央和地方两级课税制度，税种主要包括：公司所得税、个人所得税、增值税、土地和建筑物税、印花税以及奢侈品销售税等。印度尼西亚行使税收管辖权是依照属人和属地原则，税费种类复杂繁多，而且许多税种还分不同的纳税等级，根据政府所需税收优惠不断发生变化，印度尼西亚的税率和减免税期限是在一定范围内波动，优惠政策执行力较差，加大了投资者缴税复杂程度。按照世界银行营商环境指数，2017 年印度尼西亚缴纳税款的分项指标的排名位列第 104 位，说明印度尼西亚缴纳税款情况并不理想。

2. 企业税收负担重

印度尼西亚关税水平较高，且适用的关税税率根据国家需要会定期变动。2015 年，印度尼西亚平均关税税率为 37.1%，平均最惠国（MFN）税率水平为 6.9%。印度尼西亚多数商品的约束关税水平是 40%，包括农业部门 1300 多种产品的关税水平处于或超过 40%。不受此关税水平约束的仅有汽车、钢铁以及部分化学品。较高的关税水平以及变动的不确定性，对进入印度尼西亚市场的外国企业构成了很大的不确定性。在非关税壁垒方面，印度尼西亚政府要求产品必须符合印度尼西亚强制性的国家标准。由于印度尼西亚 SNI 认证流程复杂低效，所需资料复杂繁多且认证周期较长，给投资交易带来较大障碍。

3. 政府政策执行效率低

政府低效和腐败现象仍较为严重。印度尼西亚 2017 年营商环境中开办企业排在 151 位，其行政效率仍有待提升。印度尼西亚部分优惠政策落地难，印度尼西亚商业证照手续繁复，在印度尼西亚，成本高、收益低、风险大等不利因素会给企业和金融机构造成负面影响；印度尼西亚税收的征管也存在严重的问题，由于相关法律规定种类繁多、含混不清、彼此冲突，导致严重的纳税不平衡，而且许多税种还分不同的纳税等级。其中，税收优惠以及相关政策法规由政府根据需求不断变化，政策的落实具有不确定性，企业很难及时把握。

4. 基础设施相对滞后

2019 年印度尼西亚宣布正在起草耗资逾 4000 亿美元的全方位基建计划，在当前的行政管理下，基础设施仍然是投资的一个显著变量。同时，由于印度尼西亚复杂的地形、不平衡的经济发展，加之现有的基础设施种类较多、项目构成复杂、缺乏可行性的计划，从而使产业园投资者面临巨大挑战，这可能会限制投资者成功运营的能力，印度尼西亚有许多投资选择可以减轻这些挑战的影响，无论选择何种性质的投资，落后的基础设施不足以支撑产业园工业基础的需要，从而导致产业园的施工和发展缓慢。

四、产业园发展政策建议

（一）简化税收体系，加快落实税收优惠政策

为了更好地落实产业园税收优惠政策，减轻企业负担，为投资者提供便利，

必须加快税收优惠相关政策法规落实到位，简化税收优惠及减免税办理流程，强化征管措施，让纳税人真正享受到政府的优惠政策。财税优惠政策需从政策宣传、业务辅导、办税服务、系统运维以及技术保障等六个方面做好服务工作，在办税大厅合理调配窗口、设立优惠办理快速通道、优化人员配置等方式，提高税收优惠政策以及减免备案涉税事项的办理效率和执行力度，在空间、时间上为纳税人办理税收优惠以及纳税申报提供便利，大大地降低纳税人的办理成本。

（二）注重优惠政策的配合，促进税收优惠方式的转变

应积极推动普遍激励与重点激励相结合的税收优惠政策，对符合国家鼓励发展以及相关条件的产业项目，逐步放宽限制条件，鼓励资本投入给予普遍优惠。针对行业发展的不同对象和环节，利用多种形式的优惠方式合力促进行业发展，税收优惠政策之间需相辅相成，形成更综合更系统的税收优惠体系。针对不同时期和不同发展阶段，应灵活运用税收优惠政策。园区设立初期，为更好地吸引投资，可采用以直接优惠为主的税收优惠方式。但随着园区的不断发展，税收优惠政策应逐步由直接税收优惠向间接税收优惠过度，并加强产业升级、科技创新等方面的税收优惠，以不断推动园区产业结构和技术升级。

（三）减税降费，减少税收复杂性

税费是影响企业运营的重要因素，近年来，受到全球经济增长放缓的影响，为了吸引投资，营造低税环境，增强投资环境的竞争力，减税降费已经成为重要的措施。园区根据不同行业、产品的特殊性在一定范围内进行调整的政策虽然具有灵活性，但在某种程度上也增加了税收的复杂性，可能带来纳税人纳税意愿和纳税遵从度的降低，加大税收征管工作的难度。政府应减少单项税率，做到层次分明，减小税收的复杂性，统一税率水平，做到各类纳税人的税率一致，更好地体现税收的中性原则，方便税收的征收与管理，降低投资的税务风险，实现预期的投资回报效果。

（四）加快产业园转型，灵活应对财税政策的变动

依赖低成本土地和劳动力比较优势的产业园区，随着市场竞争的日趋激烈，面临的压力也不断升级，产业园区的建立和发展并非都能成功，仅通过放松管制和政策优惠的园区面临着严峻的挑战，产业在全球范围内不断转移变化，低成本的园区将会被替代，经营和建立产业园区的风险也在增加。为此，加快产业园创

新驱动的升级，逐步注重园区内部产业联系的构建成为关键，此外，选择合适的投资方式和优化公司结构可以合理避税，使税负最小化，同时才能灵活应对财税政策的变动。

（五）明确政策法规，营造便利的投资环境

政策法规是经营产业园的重要保障手段，也是决定产业园运行好坏的重要因素，税收、劳务、生产许可等政策的稳定性，及政策实施效率，都将吸引更多的国内外投资者。政府应该适时适度的加大政策实施力度，出台有利高效的招商引资政策，重视新兴产业的培育扶持，力求以创新引领科技突破，营造便利的营商投资环境，吸引国内外投资进入制造业并鼓励行业部门进行技术和管理方面的革新。

（六）注重基础设施建设，破解产业园发展的瓶颈

发挥产业园的地理位置优势，推动产业园的发展就必须有相应的基础设施建设作为支撑。而基础设施投资巨大，仅依靠政府往往难以满足发展的需求，应拓展筹措基础设施建设资金的渠道，打破基础设施参与者单一化，鼓励外国投资者参加基础设施建设。引入外资不仅可以解决产业园基础设施建设资金来源问题，还可以鼓励外国投资者对产业园所在国进行长期投资，实现互利互惠共同发展。

参考文献

[1] 商务部国际贸易经济合作研究、中国驻印度尼西亚大使馆经济商务参赞处、商务部对外投资和经济合作司．对外投资合作国别（地区）指南（印度尼西亚）[R]．2017.

[2] 周杰．投资东盟各国可享受的税收优惠政策（一）[J]．对外经贸财会，2006（7）：40－41.

[3] 周杰．投资东盟各国可享受的税收优惠政策（二）[J]．对外经贸财会，2006（8）：55－56.

[4] 裴鑫．CAFTA 的建立对中国出口东盟贸易增长的影响 [D]．济南：山东大学，2018.

[5] 陈慧．“一带一路”背景下中国—东盟产能合作重点及推进策略 [J]．经济纵横，2017（4）：48－53.

[6] 吴尚昆，李守义，孙丰月．马来西亚砂捞越州的矿业及其投资环境 [J]．中国矿业，2004，13（4）：12－16.

[7] 印度尼西亚经济与商业环境风险分析报告 [J]．国际融资，2014（12）：61－63.

[8] 印度尼西亚经济与商业环境风险分析报告 [J]．国际融资，2018（3）：65－68.

[9] 李哲威，韩秋．探析马来西亚税制与海外承包工程税务筹划［J］．中国总会计师，2013（11）：142－143.

[10] 印度尼西亚投资系列：印度尼西亚投资相关税收政策（FAQ）［EB/OL］．印度尼西亚投资秘书处，（2018－03－13）．https：//mp. weixin. qq. com/s?__biz=MzI1Njc5NTUzMg%3D%3D&idx=1&mid=2247483785&sn=92aca85fd22f24b8a39d886cecd18ed3.

[11] 印度尼西亚招商引资与投资指南（一）［EB/OL］．印度尼西亚招商投资网－中国招商引资信息网，（2017－06－29）．http：//www. cnzsyz. com/yazhou/info/404595. html.

[12] 印度尼西亚招商引资与投资指南（二）［EB/OL］．印度尼西亚招商投资网－中国招商引资信息网，（2017－06－29）．http：//www. cnzsyz. com/yazhou/info/404596. html.

[13] 博玉．印度尼西亚宣布新兴产业税收优惠政策［EB/OL］．新华路，（2018－05－07）．https：//www. sohu. com/a/230352554_284463.

[14] 马来西亚国家概况［EB/OL］．http：//www. fmprc. gov. cn/mfa_chn/gjhdq_603914/gj_603916/yz_603918/1206_604426/.

[15] 马来西亚招商引资与投资指南（一）［EB/OL］．马来西亚招商投资网－中国招商引资信息网．http：//www. cnzsyz. com/yazhou/info/404582. html.

[16] 马来西亚招商引资与投资指南（二）［EB/OL］．马来西亚招商投资网－中国招商引资信息网．http：//www. cnzsyz. com/yazhou/info/404583. html.

[17] 马来西亚税收政策及投资鼓励措施初研［EB/OL］．http：//cafiec. mofcom.

新常态下中国与泰国数字旅游发展前景分析*

米胤嘉

（广西财经学院 财政与公共管理学院，广西 南宁 530000）

摘 要：新常态下，中国经济面临的下行压力逐渐加大。随着“一带一路”的不断推进，5G时代的到来，数字经济为中国经济带来了新经济增长点。第十六届中国—东盟商务与投资峰会更是将数字经济定为未来中国与东盟合作发展的主题。近些年中泰两国日益密切的旅游交往中，不断增加的游客以及不断增加的旅游消费总额使泰国逐渐接受并推广手机支付等，“互联网+”思维在泰国越来越受到重视，电子商务在泰国迅速发展，中国与泰国在数字经济领域的合作将拉开序幕。对于旅游业而言，数字经济对旅游业进一步发展的作用不言而喻。随着中泰旅游的日益紧密，中国与泰国数字旅游发展前景十分广阔。

关键词：新常态 数字经济 “互联网+” 数字旅游

［**中图分类号**］F590 ［**文献标识码**］A ［**文章编号**］（2020）01-0073-15

一、中国经济基本面

随着中国经济进入新常态，经济下行压力日益增大。新经济增长点将成为支撑未来中国经济持续健康增长的动力源。在新常态下，中国经济主动求变，主动寻求放缓速度提高质量和效益的经济增长方式。

（一）新常态下国内经济总体向好

2014年以来，中国国内生产总值（GDP）增速不断放缓，2015年供给侧结

*［作者简介］米胤嘉，男，广西财经学院财政与公共管理学院教师，研究方向：人民币国际化、财经素养教育、国际贸易。

构性改革之后，GDP 增速维持在 6%—6.5%。2019 年受中美贸易战影响，全年 GDP 增速比前几年略有降低，但总体仍然维持在 6% 以上（见图 1）。

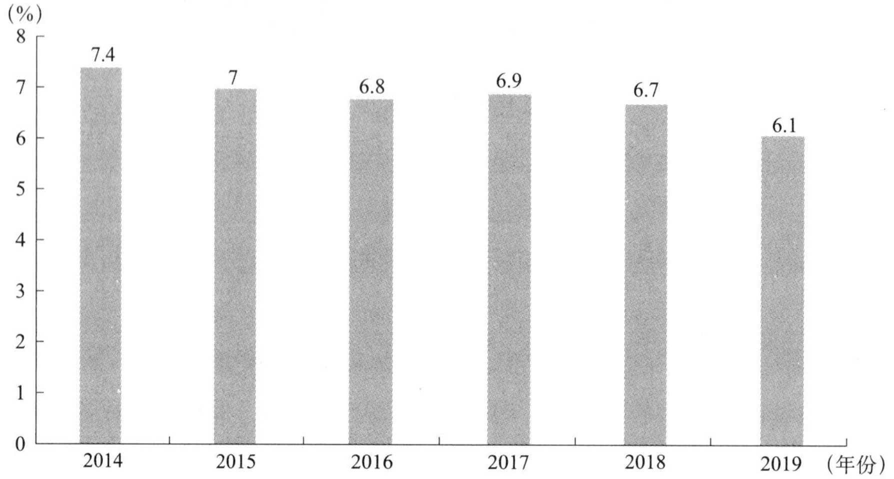

图 1　2014—2019 年中国 GDP 增长率

数据来源：国家统计局。

中国 GDP 总量保持逐年稳健增长态势。虽然 2019 年度 GDP 增速低于以往，但 GDP 总量达到 99.0865 万亿元（见表 1），总量依然位列世界第二。与 GDP 一道共同增长的还有人均 GDP，2014—2018 年中国人均 GDP 分别为 47173 元、50237 元、54139 元、60014 元、66006 元。2019 年，中国人均 GDP 达到 70892 元，折合 10276 美元，突破 1 万美元。

表 1　2014—2018 年中国国内生产总值　单位：亿元

	2014 年	2015 年	2016 年	2017 年	2018 年	2019 年
GDP	643563.1	688858.2	746395.1	832035.9	919281.1	990865

数据来源：国家统计局。

99 万亿元的 GDP 总量以及人均 GDP 突破 1 万美元，标志着中国经济再上新台阶，综合国力进一步增强。在新常态下，虽然 GDP 增速放缓，但宏观来看中国经济基本面总体向好。

（二）经济结构更加合理

2014 年后，第三产业对 GDP 的贡献率逐年提高，第二产业对 GDP 的贡献率逐渐降至 40% 以下。这说明中国已从原来的出口导向型国家，依靠外需拉动经济增长的增长方式转变为依靠内需扩大国内消费拉动经济增长。

2015 年由习近平总书记提出的供给侧结构性改革正式实施，该改革以“三去一降一补”为目的，旨在改变中国经济增长方式，提高经济增长质量，进一步的扩大内需，力求依靠庞大的国内市场带动中国经济新一轮长期稳定增长。从2016年开始，第三产业对GDP的贡献率超过60%且逐年上升，这充分说明了供给侧结构性改革给中国经济结构的调整带来了积极促进作用（见图2）。

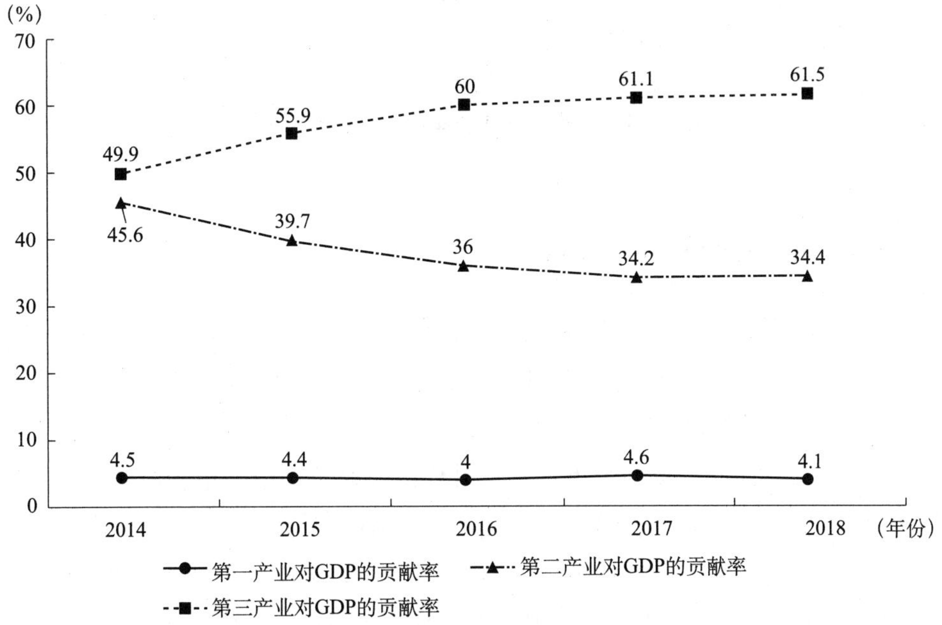

图2　三次产业对 GDP 的贡献率

数据来源：国家统计局。

二、泰国经济基本面

作为曾经亚洲四小龙之一的泰国在经历1997年亚洲金融风暴后，本国经济长期处于缓慢恢复时期，经济增长乏力。

（一）增长缓慢动力不足

2014年泰国发生了军事政变，巴育将军取代英拉成为泰国总统。军事政变对泰国国内经济造成巨大冲击，导致国内市场需求下降，工业生产不力，出口不振等。这些因素致使2014年泰国国内生产总值增速严重放缓。此后，虽然泰国经济发展恢复正常水平，但总体来说增长动力依旧匮乏（见图3）。

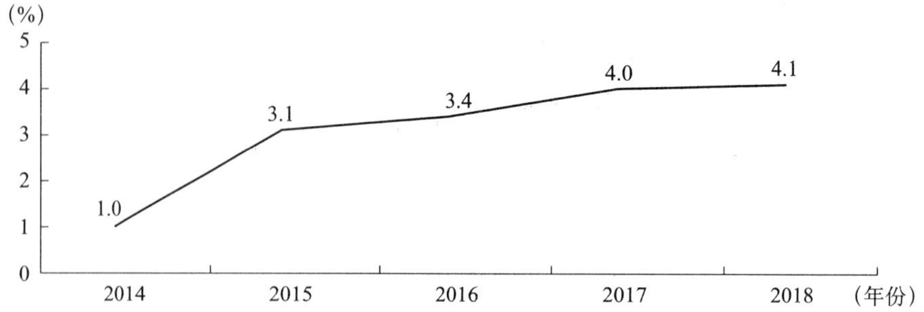

图3　2014—2018年泰国国内生产总值增长率

数据来源：泰国国家统计办公室。

（二）相关产业对GDP的贡献

作为亚洲农业大国之一的泰国，农业在相当一段时间内是拉动泰国经济增长的引擎之一。随着产业转移，东南亚承接了许多基础工业制造和生产，泰国的汽车制造业也是其经济增长引擎之一。

2014年泰国军事政变后结束了英拉时代的农业拉动经济增长的政策，转而形成依靠扩大内需拉动经济增长的经济政策。因此，2014年之后农业国内生产总值所占比重逐年减少，制造业所占比重缓慢减少，零售行业、酒店和餐饮所占比重逐年增加。军事政变后，泰国政坛和政局趋于稳定，这又重新吸引了游客前往泰国旅游，大批的游客使酒店和餐饮业收入快速增加（见表2）。

表2　　相关产业的国内生产总值所占比重　　单位:%

相关产业	2014年	2015年	2016年	2017年	2018年
农业	10.09	8.88	8.45	8.33	8.12
制造业	27.72	27.54	27.38	27.32	26.92
零售、汽车修理、个人以及居家商品	14.28	14.85	15.56	16.05	16.49
酒店以及餐饮	3.76	4.37	4.79	5.29	5.61

数据来源：泰国国家统计办公室。

传统农业和制造业对GDP的贡献逐渐减少，国内需求对GDP贡献依旧不足，仍然亟待增加，新经济增长点依旧不明朗，多种因素叠加带来了泰国经济增长乏力的困扰。此外，泰国政局的稳定性、政策稳定性也是阻碍泰国经济迅速复苏、快速增长的另一大隐患。

AEC 2015于2015年成立，然而泰国似乎并没有能够借着AEC 2015的东风实现经济快速健康的发展，搭上经济快增长的列车。目前，虽然泰国经济在缓慢地发展，但总体而言不太令人满意。

三、数字中国与泰国

（一）新经济增长点——数字经济

2019 年第十六届中国—东盟博览会、中国—东盟商务与投资峰会在南宁举办。本届博览会倡导以“一带一路”倡议为契机，大力发展数字经济，特别是中国与东盟间在数字经济领域的合作与发展。

2019 年 5G 网络正式商用，全球部分国家已开始进行布局。5G 的成功商用标志着未来以高速网络为核心的经济发展正式拉开序幕。大数据、云计算、电子商务、人工智能等都将成为未来经济发展的强动力。近年来，中国围绕建设网络强国、数字中国、智慧社会，全面实施创新驱动发展战略尤其是国家大数据战略，让中国成为全球电子商务等数字经济的引领者之一。近些年，东盟电商、网络游戏等产业蓬勃发展，逐渐成为数字经济和智慧生活的新热土。

东盟国家拥有 2 亿人口，市场巨大，前景广阔。其较为庞大的网络用户人数让数字经济在未来快速发展，扩大规模成为可能。2015 年，东盟正式开启 AEC 2015，如今正朝着 AEC 2025 目标迈进。由此可知，东盟未来发展潜力巨大。在英国脱欧，美国退群等逆全球化思潮的背景下，东盟经济共同体依然坚定地朝着全球化的方向前进。据测算，2025 年东盟地区数字经济规模有望突破 2000 亿美元。

（二）中泰交流日益密切

2013 年 10 月 11 日，中泰同意商签两国持普通护照人员互免签证谅解备忘录。虽然时至今日，两国仍未宣布互免签证，但互免签证谅解备忘录的签订开启了中泰日益密切交流的大门。近几年，中泰两国在旅游、商务、学习等领域的交流合作日益紧密。国内许多高校都推出了中国交流学习项目，许多企业选择进驻泰国开拓市场。

大量的人员涌入泰国，给泰国传统经济模式带来巨大的冲击。2015 年，携程、去哪儿等 APP 纷纷入驻泰国，与泰国国内众多酒店签订了网上预订以及支付协议。2016 年，继泰国皇权免税店之后，泰国国内许多 711 便利店宣布支持支付宝和微信作为第三方支付平台支付。

中国游客、商务人员以及学生等大量流入泰国，其强大的购买力、全新的支付模式等使泰国不得不改变原有的经济模式，数字经济就这样在泰国生根发芽。随着“一带一路”倡议的深入推进，中泰两国在政府和民间两个层面的交流都在进一步加深。在逆全球化思潮以及贸易保护主义抬头对全球经济的负面影响下，中泰两国间的数字经济或许能够成为两国经济新一轮发展的助推器。

（三）中泰互联网发展情况

1. 中国互联网发展迅猛

1994年中国首次接入互联网以来，中国网民的规模随着中国的经济规模一道共同扩大。如今，中国拥有世界最多的互联网用户，世界最大的互联网，伴随着互联网一同发展的还有移动互联。从GSM技术标准时代的追随者到现在5G技术标准时代的制定者，中国移动互联的发展发生了质的变化（见表3）。

表3　2014—2018年中国互联网发展情况

项目	2014年	2015年	2016年	2017年	2018年
互联网上网人数（万人）	64875	68826	73125	77198	82851
移动互联网用户（万户）	87522.13	96447.16	109395.02	127153.74	127481.54
移动互联网接入流量（万GB）	206193.55	418753.31	937863.5	2459380.26	7090039.28

数据来源：国家统计局。

2018年，中国互联网上网人数超过8亿人，移动互联网用户超12亿户。随着4G网络的推广和普及、移动互联应用的普及，移动互联已与中国人民的日常生活密不可分。手机支付、移动支付、电子商务等迅速发展，成为推动中国经济、拉动消费增长的经济支柱。从越来越大的移动互联网接入流量可以看出，中国的许多商品交易、日常生活、旅游出行等都是依靠移动互联来完成的。移动互联在一定程度上改变了中国人的生活模式，改变了中国的经济发展模式。

2017—2018年，中国移动互联网用户数量增幅放缓，移动互联用户数量超过12.7亿户。中国人口约有14亿人，几乎每人拥有一部手机，每个人都在使用移动互联网。2014—2018年，移动互联网接入流量每年翻番。2018年移动互联网接入流量比2017年翻了两番。在用户数量趋于饱和的情况下，移动互联网接入流量还能实现翻番，说明了移动互联网与中国人民生活的相关程度，也充分体现了移动互联网未来的无比巨大的潜力。而移动互联网巨大的潜力是积极发展数字经济的基本保证。

2. 电子商务异军突起

虽然中国的互联网用户、移动互联网用户以及移动互联网接入流量不断增加，尤其是移动互联网接入流量增速迅猛。但在当今移动互联时代下，中国有电子商务交易活动的企业所占比重却维持在10%左右（见图4）。2018年，根据国家统计局数据，中国有电子商务交易活动的企业数量仅为99035个。

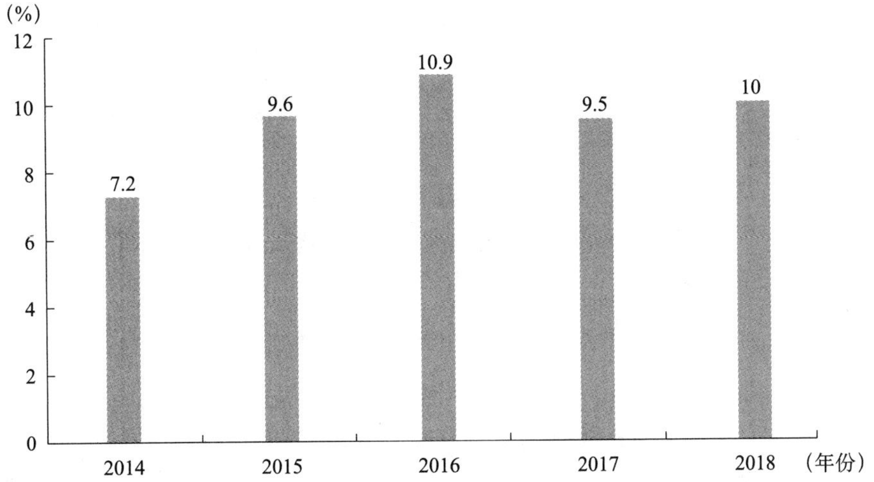

图4　2014—2018年中国有电子商务交易活动的企业所占比重

数据来源：国家统计局。

随着2019年5G技术的正式商用，会有越来越多的企业开展电子商务交易活动，会有越来越多的企业开始转变传统商业思维，运用大数据、云计算以及人工智能等数字经济开展企业经营活动。

2018年，占比重10%的电子商务交易活动的企业创造了15万亿元的销售总额，占2018年GDP比重达16.58%。不断增加的销售额及采购额表明中国的电子商务活动愈发频繁，数字经济对中国GDP的贡献不断增加（见图5）。

2019年1—11月，中国规模以上互联网和相关服务企业完成业务收入10886亿元，全行业共实现营业利润1031亿元。新常态下，面对不断加大的经济下行压力，互联网业务收入仍然能够保持着高速增长。可见，在不断扩大的内需下，数字经济是新常态下新的稳定经济增长点（见图6）。

3. 泰国互联网发展情况

2014—2018年，泰国互联网用户数翻了一番。可见，互联网在泰国的发展速度也非常迅速。2018年，泰国互联网家庭用户占比达到67.7%，在今后的发展中，用户增长仍有巨大的上升空间（见表4）。

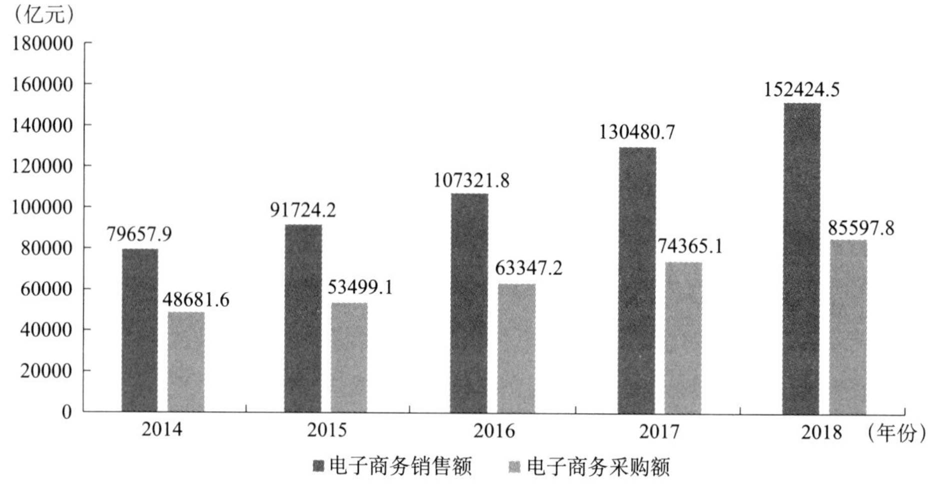

图 5　2014—2018 年中国电子商务销售和采购额

数据来源：国家统计局。

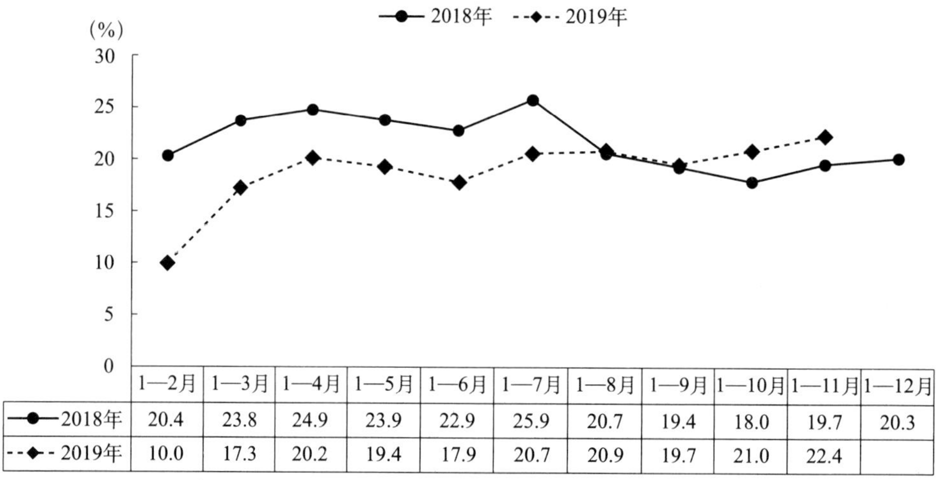

	1—2月	1—3月	1—4月	1—5月	1—6月	1—7月	1—8月	1—9月	1—10月	1—11月	1—12月
2018年	20.4	23.8	24.9	23.9	22.9	25.9	20.7	19.4	18.0	19.7	20.3
2019年	10.0	17.3	20.2	19.4	17.9	20.7	20.9	19.7	21.0	22.4	

图 6　2018—2019 年中国互联网业务收入增长情况

数据来源：国家工业和信息化部。

表 4　2014—2018 年泰国使用网络家庭数　　单位：户

项目	2014 年	2015 年	2016 年	2017 年	2018 年
家庭总数	20564691	20642895	21367200	21513403	21418737
使用互联网家庭数	7126407	10767727	12785203	13850287	14502549
占比（%）	34. 7	52. 2	59. 8	64. 4	67. 7

数据来源：泰国国家统计办公室。

泰国国家统计办公室没有移动互联网用户数以及移动互联网接入流量数的数据统计。因此，可以从 6 岁以上居民移动电话使用情况来推测移动互联网在泰国的发展状况。截至 2018 年，泰国总人口数为 6943 万人（参与此项调查的人数为

63280111 人），在参与调查的 63280111 人中，6 岁以上居民移动电话使用人数达到 56663907 人，由此得知，在泰国几乎人人拥有移动电话（见图 7）。

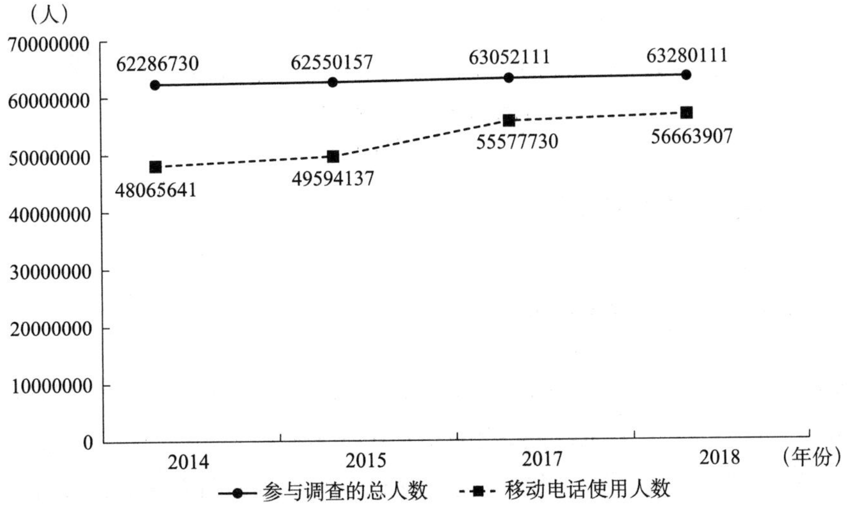

图 7　2014—2018 年 6 岁以上居民移动电话使用情况

数据来源：泰国国家统计办公室。

自 2013 年推出 4G 网络以来，泰国的三家通信公司 TrueMove，AIS 和 Dtac 基本实现了 3G 和 4G 网络的全覆盖。虽然三家公司移动互联网络连接速度不尽如人意，但移动电话使用人数的逐年递增使得泰国移动互联网的发展空间相对较大。

4. 电商发展潜力巨大

从表 6 的统计数据中可以看出，虽然参与调查的泰国民众仅有 35954165 人，但 2017—2018 年两年的时间里使用互联网参与经济活动的人数却大幅增加。尤其是线上购买以及使用网上银行、手机银行的人数增幅比较大（见表 5）。

表 5　2017—2018 年使用互联网的民众的活动情况　　单位：人

项目	2017 年	2018 年
参与调查的人数	3349478	35954165
线上预订/购买商品或服务人数	2923391	4501381
使用互联网开展商务以及提供产品/服务人数	1259544	1797067
使用网上银行，手机银行人数	2602792	4232711
社交网络（脸书、推特、谷歌 +、LINE、INSTAGRAM 等）	31334846	33844263
收发电子邮件	10861346	13879884

数据来源：泰国国家统计办公室。

这说明在大数据时代下，互联网经济、金融等互联网思维越来越受到泰国人的重视。传统互联网的使用人数虽然也有上升，但总体增长速度和幅度不及使用互联网参与经济活动人数。泰国民众已经逐渐由传统互联网用户发展成为互联网经济甚至是移动互联网用户。2018 年，线上购物的人数仅占参与调查总人数的 12.52%，使用网上银行和手机银行的人数仅占参与调查总人数的 11.77%。相信在 5G 时代到来的背景下，泰国民众参与互联网经济、金融，参与移动互联网生活的热情会越来越高。同时，凭借“一带一路”的发展契机，中泰两国交流将逐步深入，未来泰国的电子商务发展潜力十分巨大。

四、中泰旅游发展情况

（一）中国旅游行业蓬勃发展

随着人均可支配收入的不断提高，国内矛盾转化为人民日益增长的美好生活需要和不平衡不充分的发展之间的矛盾，消费在未来相当长的一段时期内会成为中国经济增长的主要动力。人均可支配收入的提高，人民日益增长的美好生活需要推动旅游业快速发展，旅游成了人民闲暇时间丰富文化生活的选择。

与入境游客相比，国内居民出境人数每年快速增长，境外旅游成为越来越热门的选择。大量的国民境外旅游产生的消费对促进当地 GDP 增长起到积极作用（见表 6）。

表 6　2014—2018 年中国旅游业发展情况　单位：万人次

项目	2014 年	2015 年	2016 年	2017 年	2018 年
国内居民出境人数	11659.32	12786	13513	14272.74	16199.34
国内居民因私出境人数	11002.91	12172	12850	13581.56	15501.69
入境过夜游客人数	12849.83	13382.04	13844.38	13948.24	14119.83

数据来源：国家统计局。

2014 年起第三产业对 GDP 的贡献率开始超越第二产业，同时国际旅游所带来的外汇收入大幅增加。依靠内需消费拉动国内生产总值增加的趋势依然明显（见图 8）。

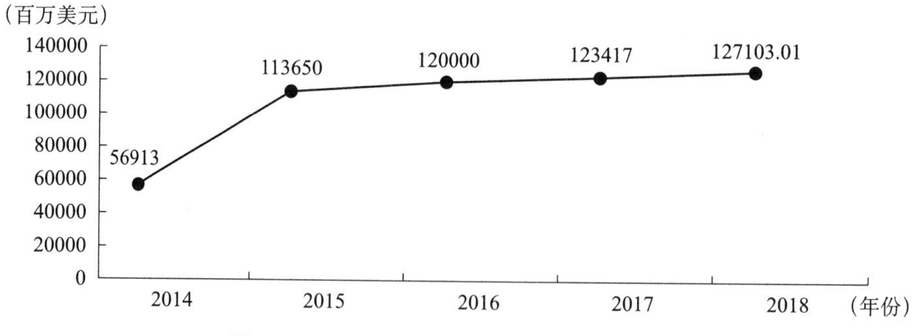

图 8　2014—2018 年中国国际旅游外汇收入

数据来源：国家统计局。

入境游客人数增长速度虽然相对缓慢，但其带来的国际旅游外汇收入的增加却比较迅猛。中国不断开放的市场、不断提升的国际地位和国际影响力以及文化软实力，吸引了越来越多的国外游客前来参观游览。因此，国际旅游在未来仍有着巨大的发展潜力和上升空间。

在众多入境游客中，泰国入境游客逐年维持较快增长（见图9）。泰国入境游客数随着中泰两国合作交流的加深不断增加，中泰两国间的旅游业务往来会越来越密切。

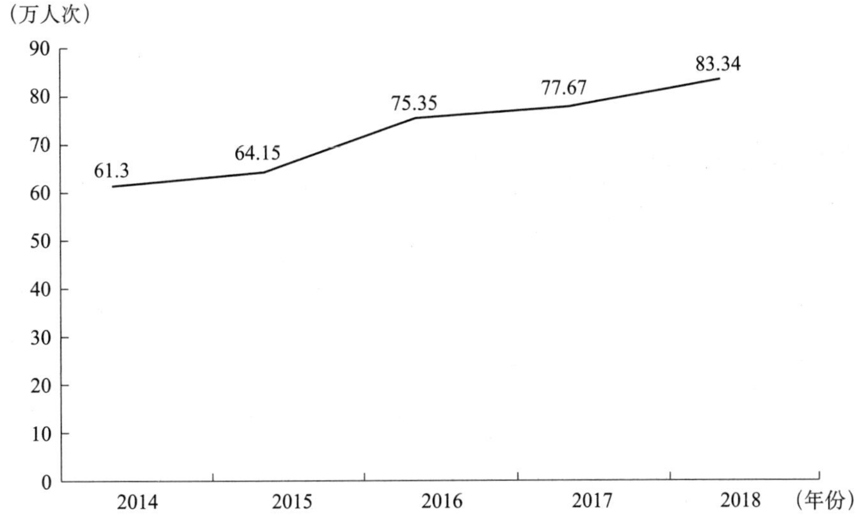

图9　2014—2018年泰国入境游客

数据来源：国家统计局。

无论是国内旅游还是境外旅游，国内经济是其能够稳定增长的根本保障。人民日益增长的美好生活需要是促进旅游业蓬勃发展的前提。随着供给侧结构性改革的深入，中国经济增长无疑将进一步依赖第三产业，第三产业对国内生产总值的贡献率也会越来越高。在这样的形势下，无论是国内旅游，还是来华的国际旅游，旅游所带来的收入都将为拉动中国经济增长作出巨大贡献。经济上的繁荣亦会反哺旅游，提高旅游的质量，增加效益，从而进一步助推旅游业的发展。

人均GDP突破1万美元，人均可支配收入逐年稳步增长，国内游客人数以及出境游客人数都会逐年增加，旅游业在未来一定时期内将会蓬勃发展。

（二）泰国旅游依旧热门

泰国旅游久负盛名，泰国一直是世界各国人民喜爱的旅游胜地。从繁华的大都市曼谷到泰国南部岛屿，随处都可以见到来自世界各地的游人。

2014年，泰国发生军事政变，政局不稳定对当年旅游造成一定的冲击，因此，2014年世界各地赴泰国旅游人数偏低。军事政变结束后，泰国国内政局趋于稳定，世界各地赴泰国旅游人数逐年增加。泰国全国总人口为6943万人，2018年赴泰国旅游游客人数达到38178194人（见图10），可见旅游业对泰国经济的影响。毫不夸张地说，旅游业是泰国经济的支柱产业。

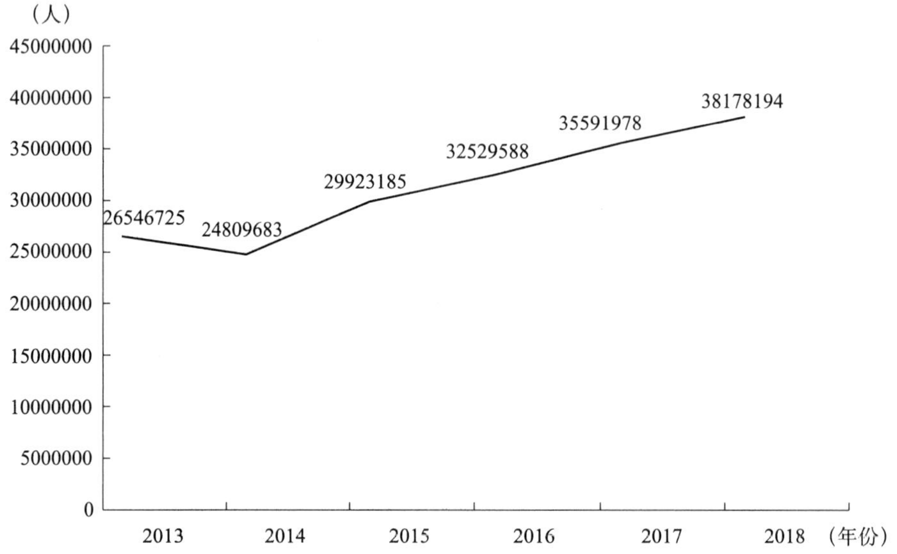

图10　2013—2018年世界各地赴泰国旅游人数

数据来源：泰国国家统计办公室。

2012年，一部电影《泰囧》掀起了中国赴泰国旅游的热潮。此后，除了受到泰国军事政变影响导致2014年赴泰国旅游的中国游客数量略微减少之外，其余时间赴泰国旅游依旧是中国游客的热门选择。2018年全年世界各地赴泰国旅游游客数为38178194人，仅中国游客就达到了10535241人，占赴泰国旅游总人数的27.59%（见图11）。值得注意的是，随着中泰两国合作交流的日益密切，中国赴泰国留学人数也在逐年增加。而这些在泰国留学的中国学生也会在泰国观光旅游，因此，每年赴泰国旅游的中国游客的实际数量可能比统计数据要高，这也充分说明当前泰国旅游依然是中国游客的热门选择。

虽然泰国政局是影响泰国经济、泰国旅游的一个重要因素。但一旦泰国政局趋于稳定，泰国旅游业又会重新呈现繁荣的局面，只要泰国政局稳定，泰国依然是众多国家国民旅游选择的热门。

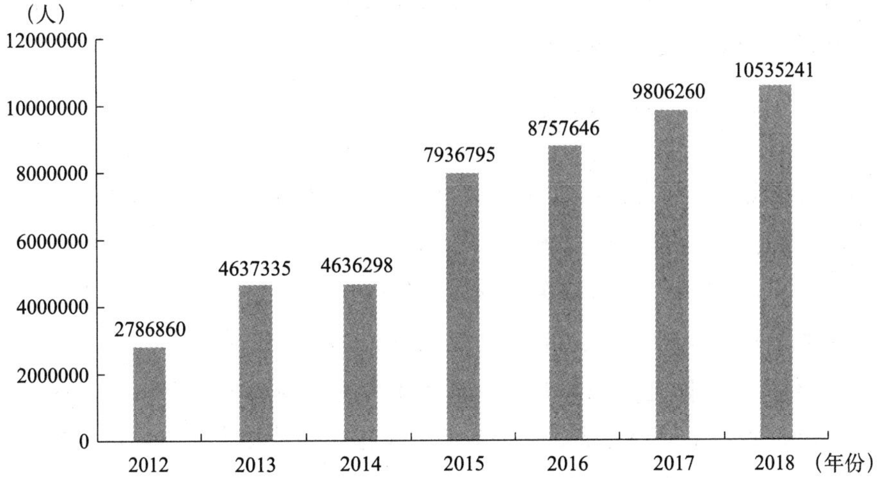

图 11　2012—2018 年入境泰国的中国游客数

数据来源：泰国国家统计办公室。

五、中泰数字旅游前景分析

（一）数字经济需求旺盛

2019 年 3 月 20 日，中泰数字经济部级对话机制第一次会议在云南昆明召开。会议围绕“数字经济、智慧城市、融合应用、软件和 IT 服务”“基础设施互联互通和 5G”“工业互联网”“网络安全”和“人工智能”等 5 个方面主题展开交流。

中泰数字经济部级对话机制表明数字经济理念已在泰国引起重视，泰国经济复苏也同样需要数字经济作为支撑。在数字经济领域，中国无疑是亚洲的领导者，特别是近几年移动互联的迅猛发展，“互联网 +”思维深入各行各业，大数据以及人工智能的快速发展都给传统经济模式以及传统经济思维带来巨大冲击。受此影响，中国国民的生活方式已然被改变，数字经济已深入日常生活的各个领域。

随着生活水平的不断提高，赴泰旅游、赴泰留学等的人数无疑将会进一步增长。每年大批量的人员出国境，必然会将国内已经形成的数字经济消费习惯带入泰国。而强大的购买力会引起泰国商家对中国的数字经济消费模式的重视，从而改变其传统消费模式。尤其是旅游景区、旅游购物区等，对数字经济消费模式更加敏感，谁先转变传统模式就意味着谁能够更早、更快地占领中国游客消费市场，谁就能获得更大的经济效益。

（二）5G时代下的必然趋势

5G的性能目标是高数据速率、减少延迟、节省能源、降低成本、提高系统容量和大规模设备连接。根据测算，5G技术在主要垂直行业的全球市场潜在价值约为4.3万亿美元，涉及服务、娱乐、传媒、医疗卫生等众多行业，到2030年，5G将能带动超800万人就业，间接提供1150万个就业机会。

世界经济一体化进程的加快，越来越庞大的贸易规模，越来越多的人口流动，这是5G时代下世界经济的基本特征。在这样的背景下，大数据分析就显得尤为重要。要处理信息量如此庞大的数据，数字经济就格外重要。5G技术的高数据速率、节省能源、降低成本等特点正是未来经济发展所需要考虑的几个关键问题。因此，数字经济是5G时代下的必然趋势。

在未来更加快节奏及更加便利的生活背景下，智能手机势必是改变人们生活方式的最主要的工具。智能手机就是数字经济的载体之一，数字经济将与人们的生活、智能手机、互联网、移动互联网、大数据以及人工智能等网络相连接，形成全面的物联网，与经济生活紧密相连。

（三）历史机遇

“一带一路”倡议自2013年提出以来，已受到了多数国家的欢迎，尤其是“一带一路”沿线国家都积极地加入“一带一路”建设中来。2017年提出的“互联网+”是对各传统行业的一次思想革新。“互联网+”鼓励各传统行业积极应用互联网思维，运用数字经济生产和发展。

“一带一路”的深入推进，“互联网+”的新型互联网思维也与“一带一路”深度融合。在推进“一带一路”建设的进程中，“互联网+”已经得到了广泛的推广，数字经济雏形已基本显现。随着5G时代的开启，更多传统行业开始运用“互联网+”思维经营，5G所创造出的高速度、低成本、节约能源等条件正是各行各业提高利润的关键所在。因此，“一带一路”与“互联网+”的深度融合，为数字经济的广泛开启提供了基本保障。

从支付宝、微信、携程等国内中国企业进驻泰国开展业务即可看出“一带一路”给予国内厂商更多的机会。而泰国众多酒店、旅行社、商场等选择与支付宝、微信、携程等中国企业合作，在线上推出旅行业务等亦表明泰国从官方层面到民间层面都对“一带一路”和“互联网+”所带来的巨大发展机遇高度重视，都不愿意错过这个助力国家经济发展的大好时机。因此，“一带一路”倡议与“互联网+”的深度融合为中泰数字旅游发展提供历史机遇。

（四）精准经济增长点

有了大数据，有了数字经济，就能更加系统和全面地分析每年赴泰旅游的大批中国游客的消费习惯、旅游目的地、酒店住宿、交通出行、餐饮习惯、时间频率等。这些系统而全面的分析有助于旅游公司从中找到突破口，精准地找出旅游业的新经济增长点，从而带动新一轮的旅游业发展，进而拉动国家经济增长。对于中国而言，旅游数字经济同样有助于找到两国间的经济共同点，进一步深化两国关系，促进两国旅游行业交流与发展，促进两国经济共同发展。

参考文献

[1] 田原．中国—东盟数字经济合作前景广阔［N］．经济日报，2018-06-04（016）．

[2] 闫志君，翟崑．中国东盟共建数字经济“一带一路”核心区［N］．中国经济时报，2019-05-08（005）．

[3] 许宁宁．中国—东盟经济合作方兴未艾［N］．国际商报，2019-11-05（K09）．

“一带一路”财税政策对西部地区企业财务绩效的影响*

胡绍雨　吴　漾

（广西财经学院　财政与公共管理学院，广西　南宁　530003；
中南财经政法大学　会计学院，湖北　武汉　430073）

摘　要： 中国自推行“一带一路”倡议以来，实施了诸多积极的财税政策，这些政策都对企业的财务绩效有着积极的影响。本文先列举了“一带一路”所建立和实施的相关财税政策，然后以西部地区上市企业为例，研究其财务绩效概况，分析了“一带一路”所实施的财税政策对其财务绩效发展的支持性，并为西部地区企业今后的发展提出了相关建议。

关键词： “一带一路”财税政策　财务绩效　西部地区

［**中图分类号**］F275　［**文献标识码**］A　［**文章编号**］（2020）01－0088－16

一、引言

如今，“一带一路”倡议正在积极推行中，中国针对该倡议制定和实行了诸多财税政策。在经济活动中，企业的财务绩效水平对企业的发展有着重要的意义，财务绩效是指企业战略的实施和执行为最终的经营业绩作出的贡献，而企业

*［基金项目］国家社会科学基金重大项目“新时代中国预算绩效管理改革研究”（19ZDA071）；国家税务总局税收科研课题立项重大项目“六稳背景下的减税降费研究”（2019ZD01）。

［作者简介］胡绍雨，男，广西财经学院财政与公共管理学院副教授，经济学博士后，研究方向：公共经济、社会保障与财税理论；吴漾，女，中南财经政法大学会计学院硕士研究生，研究方向：会计理论与财务绩效。

财务绩效水平的提高与其所处的经济环境息息相关。在此背景下，本文围绕“一带一路”的财税政策探讨其对西部地区企业财务绩效的影响。

财务绩效在欧美等国家已经研究、应用了很长一段时间，由于企业的经营权与所有权不再掌握在同一主体手中，因而大大提高了企业的经营者和所有者对本企业财务绩效的关注度。随着社会和经济的高速发展，国外研究者对财务绩效的研究越来越全面。杜邦分析法由来已久，可追溯到20世纪20年代初期，是由美国的杜邦公司创建的，旨在将各个财务指标结合起来分析企业的财务绩效，是全面分析企业经营状况的一种财务绩效评价方法。20世纪初，美国学者亚历山大·沃尔首次提出了信用能力指数这一概念，创立了沃尔分析法，该指数同样结合了财务比率之间的关系，但相比杜邦分析法来说更进一步，获得了很好的反响。[①] 1990年美国诺顿研究所在一次课题中首次提出了“平衡计分卡”这一全新的绩效衡量系统，打破了传统的只注重财务指标的财务绩效评价方法。[②] 1991年，乔尔·斯特恩提出了经济增加值（EVA）的概念，EVA是一种评价企业经营者有效使用资本和为股东创造价值的能力，旨在体现企业最终经营目标。[③]

中国企业的财务绩效管理起步较晚，这是因为历史原因和机制体制的制约，所以现在中国企业的财务绩效管理仍然在探索中前行。总体来说，中国关于财务绩效的研究分为三个阶段：①以产量和质量为评价标准；②以企业财务指标为评价标准；③以企业的绩效为标准，进行综合评价。为了促进中国企业财务绩效研究的发展，中国开始逐步引进国外优秀的财务绩效评价的理论和模型，并加以吸收和借鉴。这也推动了中国相关学者对国外的财务绩效管理模型进行创新，研究出适合中国企业的财务绩效管理理论和模型。舒莹莹、裴小崴（2008）提出公司财务绩效评价对公司发展有着重要作用，创新了财务绩效评价理念，从偿债能力、营运能力、盈利能力、获利能力上详细说明了其所包含的各项财务绩效指标。[④] 卿文洁（2010）阐述了高新技术企业财务绩效评价指标体系选择各项指标的理由、所遵循的思想路线、DEA方法运算的主要公式过程。[⑤] 段伟（2010）阐述了上市公司财务绩效指所包含的成长能力、盈利能力、偿债能力、营运能力、现

① Wole. A. Research on Credit Barometer. Business Combination [M]. New York: Economic Science Press, 1928, 5-6.

② Robert S. Kaplan and David P. Norton. The Balanced Scorecard: Translating Strategy Into Action [M]. New York: Harvard Business Press, 1996, 7-8.

③ Griffith John M. The True Value of EVA [J]. Journal of Applied Finance, vol. 14, no. 2, Fall-Winter 2004, 25-29.

④ 舒莹莹，裴小崴. 基于因子分析的电力上市公司财务绩效评价 [J]. 产业与科技论坛，2008 (9): 164-166.

⑤ 卿文洁. 企业财务战略绩效评估研究 [M]. 湘潭：湘潭大学出版社，2010：106-108.

金流量五个方面并列表详细说明这五方面所包含的具体财务指标，论述了不同行业上市公司财务绩效评价指标的选择，并且以此详细地解释了各指标的含义及意义，构建起了上市公司的财务绩效评价体系。[①] 陈幼敏（2011）阐述了低碳经济下企业财务评价指标的选择，并分静态指标和动态指标两方面进行说明，在静态指标方面从盈利能力、偿债能力、营运能力、发展能力、低碳能力五大方面详细地说明了其所包含的各指标及其计算公式；在动态方面简要说明了其所包含的指标以及公式。[②]

二、“一带一路”财税政策与企业财务绩效的基本理论

（一）“一带一路”财税政策的基本理论

1. “一带一路”倡议的内涵界定

“一带一路”倡议高举和平与发展旗帜，它倡导和平与发展，它的目标是活跃与周边国家的关系，构建国家之间的利益共同体。“一带一路”倡议是新时代下的历史选择的结果，将为中国及沿线国家经济发展带来红利。

“一带一路”倡议的经济内涵丰富。在对外开放方面，将扩展中国与全球广大发展中国家的交流与互助往来，有利于构成全方位开放新格局。在经济转型方面，将有利于中国企业产业转移和改善部分企业产能过剩问题。在区域经济发展方面，此战略的中心在中西部地区，将为中西部地区企业的发展提供动力和政策扶持，促进区域经济协调发展。

2. “一带一路”相关财税政策

（1）“一带一路”的财政政策。

①丝绸之路基金的设立和亚洲基础设施投资银行的设立（以下简称“亚投行”）。亚投行的重点是改善亚洲国家的公共基础设施，其中大部分位于“一带一路”沿线。丝绸之路基金为“一带一路”沿线国家开展公共基础设施建设、矿产开发、高新技术研究、设计咨询和金融合作等项目解决融资问题。

②全面修订和完善《中华人民共和国预算法》。完善了政府的财政转移支付手段和方式，推进了绩效预算，加强公众参与现代预算，突出对预算、决算等方面进行了大量创新、修改和完善。

③政府实施财政转移支付，在“一带一路”的建设中，因为涉及的省份或

---

① 段伟．基于灰色系统的上市公司财务绩效主因子综合评价方法［J］．云南财经大学学报，2010，25（4）：72－74.

② 陈幼敏．基于低碳经济的企业财务评价指标体系重构［J］．财会经济，2011（9）：154－155.

地区的经济发展不平衡，需要中央政府支付很多资金来解决财政问题。

④地方政策助推“一带一路”进程。众所周知，推行“一带一路”倡议，对于全国各地区来说，都是千载难逢的好机遇，因此，各省市政府都制定了有利于其自身发展的拥护政策。例如：重庆市政府积极投入其中，重庆是在长江经济带上的重要城市，因此，重庆市政府表示将投入1万多亿元资金进行公共设施等领域的对外直接投资。

（2）“一带一路”的税收政策。

①税收协定方面。与“一带一路”沿线国家签订税收协定。当出现税收协定与本国税法规定不一致的情形时，应以税收协定优先。因此，税收协定有助于企业走出国门后在东道国减轻税负，减少与东道国的税收纠纷等。

②增值税方面。“营改增”试点纳税人中的一般纳税人，在提供国际货物运输和代理服务时，以其获得的全部价款和价外费用，扣除国际运输费用后的余额作为销售额。免征增值税的劳务增多，如增加矿产或工程资源在境外的勘探服务，为出口国提供邮政业服务等为免征增值税的劳务。规定向境外提供研发和设计服务、国家重点鼓励的文化产品出口服务等适用零税率。

③“营改增”方面。自2016年5月1日起，新纳入部分行业，如建筑业、服务业等进入“营改增”试点范围，全面推开“营改增”，降低企业税负，助推企业“走出去”。

④纳税服务方面。税务机关为了帮助企业更好地了解“一带一路”沿线国家相关的税收制度和税收优惠政策，专门开设了有关“一带一路”倡议的专题网站，实时更新动态，并进行税收政策的解读、相关案例的分析等。除此之外，地方各级税务部门还在税务咨询12366平台设置专门岗位解答企业的政策咨询，响应企业的服务需求，并且定期开展各种专题讲座，帮助企业了解中国与沿线国家签订的税收协定及各项优惠政策，提高企业防范税务风险意识和维权能力。

⑤加强税收征管合作。国家税务总局简化征管流程，提高征管效率，大大改善了税收征管环境，对“一带一路”建设中吸引外来投资和输出征管经验具有现实意义，更重要的是，通过多渠道加强了税收的国际征管合作。

（二）财务绩效的基本理论

1. 财务绩效的概念

财务绩效是企业战略及其实施和执行是否正在为最终的经营业绩作出贡献。财务绩效具体反映了企业的经营情况和盈利情况。财务绩效具体体现在企业的营运能力、盈利能力、偿债能力和抗风险能力上。

2. 财务绩效的理论基础

（1）委托—代理理论。

委托—代理理论产生是因为企业的所有权和经营权不再集中掌握在同一人手中，而由此带来的企业内部决策信息不对称，使公司的权利所有人是委托人，经理人员是代理人。委托人需要通过评价经理人员的工作了解企业的运营情况，由此产生了财务绩效理论。

（2）权变管理理论。

权变管理理论起源于20世纪60年代末70年代初。权变管理理论认为企业的管理方式要随内外环境变化及时做出调整，每个企业都不存在一成不变的财务绩效评价体系，应随机应变。

（3）利益相关者理论。

1984年，弗里曼首次提到了利益相关者管理理论，该理论由此诞生。利益相关者理论注重与各利益相关方的关系，使公司的决策者平衡不同利益相关者之间的冲突，并对公司的绩效做出总体评价，改善公司的治理结构。因此，评估上市公司财务业绩的根本是充分考虑利益相关方的利益。

（4）战略管理理论。

关于企业战略问题的研究，美国学者钱德勒开了先河，打下了基础。20世纪的美国学者安索夫最先提出了“企业战略管理”的概念。战略管理理论要求有机结合财务指标和非财务指标，财务绩效评价体系的建立要以企业利润价值最大化为原则，促使企业形成长期竞争优势，保持经营效率的不断提高。

（5）系统管理理论。

美籍奥地利学者贝塔朗菲在其1952年出版的《抗体系统论》一书中首次提出了系统理论。20世纪60年代，卡斯特等美国管理学家以一般系统论为基础，从系统概念出发建立起了系统管理理论，创造了企业管理的新模式。

3. 财务绩效评价的要素

概括来讲，企业财务绩效评价的要素主要由评价主体、评价客体、评价指标、评价标准和评价方法五部分组成。

（1）评价主体。

评价主体一般是指企业的利益相关者。在经济社会的不断发展中，中小企业板上市公司应将其财务绩效的评价主体多元化，而不仅仅是将股东作为评价主体。

（2）评价客体。

评价客体是在企业或个人的绩效考核中进行评价的，被评价对象根据实际情况确定。通常来说，当不同的评价者确定的评价对象有所不同时，其给定的内容和标准一般也会不一样。

（3）评价指标。

评价指标是一个企业财务绩效评价体系构建的核心和关键。财务评价指标可以分为财务绩效指标和非财务绩效指标。财务绩效评价指标的设定和计算可从偿债能力、营运能力、营利能力、成长能力四个方面选定，常用的指标如图 1 所示。

（4）评价标准。

企业财务绩效评价标准的确定十分重要。财务绩效评价标准选择不合理，会造成对企业财务绩效的高估或低估，进而无法真实地反映企业的经营管理状况。企业应依据评估的性质和目标选择评价标准。

（5）评价方法。

财务绩效评价方法是具体评价企业财务绩效的方法。评价方法的选择对于企业来说十分重要，应该认真对待。企业财务绩效评价的出发点不同，所建立的财务绩效评价体系也会有所不同。

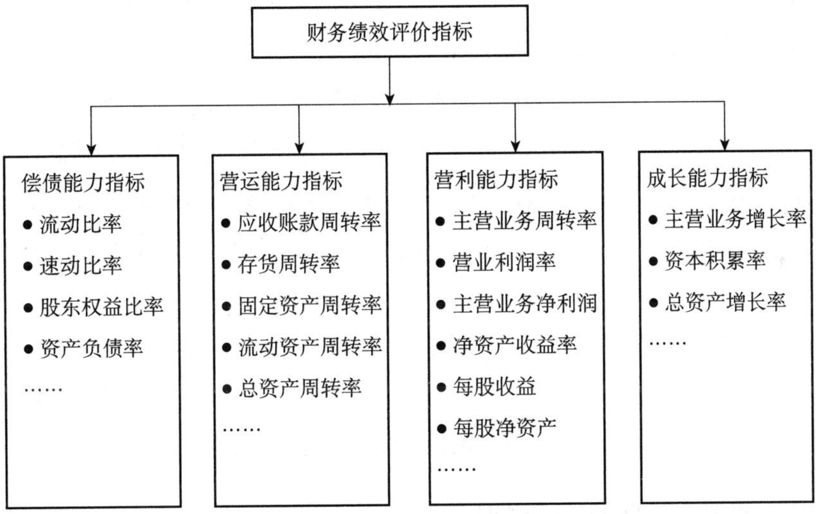

图 1　财务绩效评价指标

三、“一带一路”财税政策与西部地区企业财务绩效的相关性

（一）“一带一路”的当前进程

1. 总体概况

“一带一路”指的是“丝绸之路经济带”和“21 世纪海上丝绸之路”。

中国政府积极施行“一带一路”倡议，增强与沿线国家及地区的对话与交流，加强了与沿线国家及地区的合作，战略成效显著。

签署合作框架。与某些友好国家签订了共建“一带一路”合作备忘录，还与部分周边邻国签订经贸合作中长期发展规划，同时就区域合作和边境合作签订合作备忘录。

促进项目建设。加强与沿线国家的对话沟通，与有关国家在基础设施建设互联互通、资源开发、金融合作等领域共同推行了一批批重点合作项目。

完善政策措施。中国政府计划协调国内资源，加强政策支持，并为未来相关公共基础设施建设提供资金和政策保障。积极推动区域一体化改革进程的发展。

发挥平台作用。一系列以“一带一路”为主题的国际峰会、研讨会和博览会在促进理解沟通、增强共识、加强合作等方面发挥了积极作用。

2. 西部地区企业参与“一带一路”建设概况

在“一带一路”的背景下，西部地区企业的综合实力正在不断增强。“一带一路”倡议的启动，帮助推动内陆地区由对外开放的末端走向前沿。由于地理位置的不利，西部地区城市正在不断加强其基础设施建设，努力优化经营和投资环境，发展潜力巨大。同时，近年来西部地区不断改善其海陆空交通环境，设立了众多的自由贸易区和综合保税区，为企业今后开展国际贸易奠定了基础。

云南省在“一带一路”倡议中积极推进与周边国家的交通体系建设，在国家的大力支持下，云南提出了“八出省、五出境”铁路建设方案。广西也积极参与其中，以南宁为枢纽，将丝绸之路经济带与海上丝绸之路结合起来，加强与越南重要路网口岸的对接，将其建设成“一带一路”的重要门户，努力实现互联互通。甘肃在吉尔吉斯斯坦、俄罗斯、伊朗等国设立了8个境外商务代表处，有力地促进了甘肃与“一带一路”沿线国家的经济和贸易往来。

（二）西部地区财务绩效概况

自西部大开发战略实施以来，西部地区根据自身优势，逐步形成了具有其地方特色的产业链，促进了区域间的协调发展。通过多年的科学发展，西部地区企业总体不断发展壮大，总体财务绩效不断提升，加之国家政策的扶持，资金也越来越充足，企业发展基础不断雄厚，积累了大量的资金，自身的资产总额不断上升，经营业绩也不断变好。

但是西部地区企业市场规模小，优秀的上市企业数量少，有的企业内部治理结构不完善等，这些原因都是制约西部地区企业经营业绩和财务绩效发展的不利因素。除此之外，西部地区企业大多以粗放式经营模式为主，产业结构不合理，资源浪费现象严重，生产经营成本高，资金周转期较长，盈利能力表现不佳。其次，西部地区企业经济及税收结构较为单一，企业抗风险能力不强。再次，西部地区企业偿还债务的流动资产变现能力较差，流动资产无法及时变现，偿债能力较弱。最后，在营运能力方面，西部地区企业表现较为波动，一方面企业的流动资产增加，销售能力增加，带动了营运能力的增长；另一方面，由于近年来的开发建设，研发投资较大，企业规模不断扩大，不利于营运能力的发展。

（三）"一带一路"财税政策对西部地区企业财务绩效的支持性

1. 财政政策的支持性

一个企业如果在经济增长快速的区域，其表现出良好绩效的概率就会大大增加。若是企业所处地域市场规模较大，其财务绩效水平可能较高。"一带一路"财政政策中，国家及地方政府加大西部地区建设的资金投入，开展对外贸易，均有利于提高西部地区的经济水平，从而拉动西部地区企业财务绩效水平的提高。

进行资本积累的重要途径之一便是投资。投资可以拉动经济增长，一直是政府进行宏观调控的重要手段。丝绸之路基金和亚洲基础设施投资银行的设立，能够为西部地区的发展提供资金支持。西部地区目前正处于工业化加速发展时期，加快基础设施建设能够拉动经济增长，提高财务绩效水平。

企业产业结构的状况是影响其财务绩效的重要因素，及时调整产业结构有利于财务绩效的调整。全面修订和完善《中华人民共和国预算法》，实施财政转移支付，有利于优化政府管理，助推多元化融资平台的建立，从而加快产业结构优化升级，提高财务绩效水平。

2. 税收政策的支持性

税收协定的实施，使企业不再受到双重征税的困扰，在一定程度上大大降低了企业的税收负担和经营管理成本，可以避免国际上的税收争端。而这些将大大增强企业"走出去"的信心和动力，有利于西部地区企业积极发展对外贸易，开拓国际市场，增加收入来源，提高财务绩效。

在增值方面，一些国际服务和劳务免征增值税以及实施零税率有利于刺激企业出口，增加企业的营业收入，使企业的营利能力和营运能力有所提高，财务绩效提高。

在"营改增"方面，"营改增"之后，企业的税负减小，流出的资金减少，其短期偿债能力相应提高。除此之外，增值税是属于一种价外税，在实行"营改增"后，企业将一部分税负转嫁给了消费者，使利润发生不少变化，营利能力得到了提高。"营改增"可使企业的运营成本有所下降，同时增加流动资产，使企业运营能力得到提高。"营改增"使企业拥有更加充足的资金扩大生产规模，更新生产设备，促进企业的发展和扩张。

优化纳税服务与强化税收征管都是针对企业"走出去"而实施的措施，有利于提升企业的税务风险防范意识和税收筹划意识，从而获得更大的经济效益。

四、"一带一路"财税政策对西部地区企业财务绩效影响的理论和实证分析

（一）"一带一路"财税政策对企业财务绩效影响的一般理论分析

经查阅资料及相关文献发现，西部地区企业类型较多，为了使研究更具有针对性和典型性，本文以西部地区上市企业为研究对象，阐述其财务绩效的发展变化。本文选取以下财务指标从营利能力、营运能力、偿债能力以及发展能力四个方面构建了西部地区企业财务绩效评价的指标体系，如表1所示。

表1　　西部地区部分企业财务绩效评价指标体系

类别	指标名称	计算公式	指标性质
营利能力	总资产报酬率	利润总额＋利息支出/平均总资产×100%	正
	净资产收益率	净利润/净资产×100%	正
	每股收益	利润总额/年末普通股股份总数	正
偿债能力	资产负债率	负债总额/资产总额×100%	正
	流动比率	流动资产/流动负债×100%	正
	速动比率	速动资产/流动负债×100%	正
营运能力	总资产周转率	营业收入额/平均资产总额×100%	正
	存货周转率	营业成本/存货平均余额×100%	正
	应收账款周转率	营业收入额/应收账款平均余额×100%	正
发展能力	主营业务收入增长率	（本年主营业务收入－上年主营业务收入）/上年主营业务收入×100%	正
	净资产增长率	（期末净资产－期初净资产）/期初净资产×100%	正
	净利润增长率	（本期净利润额－上期净利润额）/上期净利润额×100%	正

1. 营利能力

营利能力主要体现在企业是否具备较大的赚取利润的本领上，它同时也可以反映企业的经营状况、销售状况以及财务状况，是经营人和投资人评价企业的主要因素。对企业的营利能力进行准确的分析，可以帮助企业找准自身经营中的问题与不足，并有的放矢，完善企业管理发展机制。本文选取以下三个财务指标反

映西部地区企业的营利能力。

①总资产报酬率。它与企业的总体获利能力成正比，该数值越高则表明企业投入与产出的结构更合理，企业的经营管理水平越高。合理对该指标进行分析和评价，有利于企业及时发现经营管理中的问题，调整资产运营结构，提高资产运用效率。

②净资产收益率。该指标被冠以“各指标之首”，杜邦分析法是其理论基础。

③每股收益。该数值越大，表明企业普通股股东享利越高，投资者得到的回报越高，投资者的投资风险越小。合理对该指标进行评价，有利于企业股东持有者和投资者对企业的现期和预期发展水平做出评价和评估，从而做出最有利的决策。

根据调查相关数据，西部地区上市公司整体营利水平较低，给予投资者的回报较少，部分上市公司的分红方案低于银行定期存款利率，账面冗杂，严重损害公司的利润。而这主要是由于西部地区资源开发不到位、外部需求不振、产品升级缓慢、产业发展结构性失衡等诸多因素造成的。

2. 偿债能力

偿债能力包括长期偿债能力和短期偿债能力。本文选取资产负债率反映西部地区企业的长期偿债能力，流动比率和速动比率反映西部地区企业的短期偿债能力。

①资产负债率与企业负债水平和风险程度成正比，这个比率对于企业来说越低越好，企业经营风险过大不利于经营者的经营管理和投资者的投资决策。合理对该指标进行评价有利于督促企业时刻规避财务风险。

②流动比率与企业资产变现能力成正比，这个比率对于企业来说越高越好，越高则企业短期偿债能力越强，反之则较弱。但是运用该指标评价企业的财务绩效可能不全面，存在偏差，因此在分析时需带上其他的财务指标一起分析。

③速动比率，该数值越大，则企业未来的偿债能力越好。调查资料显示，西部地区除建筑施工企业的资产负债率普遍较高以外，其他行业在资产负债率指标上表示良好。这是由于建筑施工企业属于微利企业，税负过重，一些长期往来项目以及资产、负债项目会影响其期末计算资产负债率的准确性。西部地区企业短期的偿债能力相对于其他企业要强，这是因为西部地区企业的资产负债率较小，资产负债率小则所需的成本减少，风险也会缩小，同时企业的流动比率稳定性也会对偿债能力产生影响。

3. 营运能力

营运能力反映上市公司经营管理的效率及利用资金的能力。本文以下面三个财务指标来反映企业营运能力的财务指标。

①总资产周转率对企业资产利用效率进行评价，所反映的是企业在一段经营期内的资产从投入到产出的流转速度。该比率与企业总资产的周转速度成正比，越高则企业销售产品的能力越强，市场竞争力越强，运营效果越好，资产利用效率越高。分析该指标，能够促使企业挖掘其潜力，提高市场占有率和资本利用率。

②存货周转率可以反映企业存货的周转速度的快慢，用以判断存货资金占有量是否处于合理水平，以便企业及时转变生产的方式和规模，降低库存成本。该比率与企业存货的流动性成正比，越高越好。合理评价该指标，有利于企业及时调整存货管理模式，调整生产规模和效率。

③企业应收账款周转率可以对企业的经营管理效率及销售管理能力进行评估。在经济活动中，应收账款与流动资产比值较大，如果企业不及时收回应收账款，可能会引起与其他企业的债务纠纷，导致信誉和经营受损。因此，企业应尽快收回应收账款，缩小应收账款账龄和其在流动资产中的比重，这有利于上市公司对资金的合理利用。

西部地区的上市公司整体营运能力不尽人意，而且在应收账款周转率上表现也较弱，只有少部分上市企业在平均水平之上。但该指标需要针对具体情况进行分析。西部地区大部分上市企业的总资产周转率较低，这说明其资金使用效率偏低，企业的管理经营水平和获取利润的能力较差。西部地区上市企业的存货周转率差异较大。

4. 发展能力

发展能力指标是将过去的企业财务指标与现在的进行对比分析，重点分析上市企业未来的发展情况用以帮助广大的投资者。本文选取以下三种财务指标来评估上市公司的发展能力。

①主营业务收入增长率指标衡量了上市公司主营业务收入规模扩大的情况，能够对企业的成长状况和发展能力进行评价，可以反映上市企业发展的前景，有利于投资者的投资决策，让企业根据实际情况扩大经营规模。

②净资产增长率反映了企业资本规模的扩大速度。该比率与企业资本规模扩大所带来的净利润成正比。比率越高则企业未来的发展空间越大，越能够吸引投资。

③净利润增长率反映了企业的未来发展能力，是企业及投资者对企业资产运营效果和经营业绩的综合评估，比率越高表明企业可以加快实现价值最大化。企

业净利润和企业经营效率成正比。

调查资料显示，西部地区上市企业的主营业务收入增长率总体呈现上升趋势，但是各上市企业间差距较大，如四川路桥该指标表现良好，超过250%，而西藏城投该指标表现较差，在70%以下。同样，在净资产增长率上，各上市企业的差异也较大，资本扩张规模较为保守，总体水平不高。在净利润增长率指标方面，西部地区上市企业整体表现较好，其中四川路桥该指标几乎接近于280%。

（二）“一带一路”财税政策对西部地区企业财务绩效影响的实证分析

本文以西部矿业集团有限公司为例，对“一带一路”财税政策对西部地区企业财务绩效影响进行实证分析。西部矿业集团有限公司是2001年12月28日在中国西部青海省西宁市建立的以开发矿产资源为主的大型公司，在2007年7月成功上市。西部矿业集团有限公司规模较大，在西部地区企业中具有代表性。因此，分析该企业的财务绩效，对企业自身和其他上市公司均具有借鉴意义。通过巨潮资讯网查询到了该企业近三年的年度报告，摘取了部分计算财务指标需要的资产负债项目和利润项目，如表2所示。

表2　　西部矿业集团有限公司近三年财务报表数据表

单位：元　币种：人民币

项目	2015年	2016年	2017年
营业收入	26767019600	27776047120	27377292896
利润总额	236218336	247345924	424900125
净利润	107460081	101523626	252780925
净资产	12438159105	13165298401	12854526672
资产总额	28569410349	32166308300	32296699288
负债总额	16131251244	19001009899	19442172616
流动资产	10434379377	12256951137	11524985356
流动负债	10867708825	13919689096	11833513787
速动资产	9454906678	10996554386	9348475892
营业成本	1231491804	26091316546	24656923370
应收账款	116410314	27378809	65253123

数据来源：巨潮资讯网上西部矿业集团有限公司2015—2016年年度财务报告。

1. 偿债能力分析

从2015—2017年的数据来看，流动比率呈现先下降后上升的趋势，说明西部矿业集团有限公司的偿债能力也是先下降后上升，今年在“一带一路”财税政策的影响下，企业的融资能力增强。另外，速动比率也呈下降趋势，说明企业用来偿付债务的可立即变现的流动资产的能力也在逐步减弱，公司的短期债务能力并没有改善，反而下降（见表3）。

资产负债率三年来逐年提高，说明其债务负担越来越重，应注意防范企业的长期偿债能力风险（见表4）。

表3 短期偿债能力表

公司名称	项目	2015年	2016年	2017年
西部矿业集团有限公司	流动比率	0.96	0.88	0.97
	速动比率	0.87	0.79	0.79

表4 长期偿债能力表 单位：%

公司名称	项目	2015年	2016年	2017年
西部矿业集团有限公司	资产负债率	56.46	59.07	60.20

2. 营利能力分析

西部矿业集团有限公司的净利润增长幅度大，在2017年达到三年来的最大值，确实得益于"一带一路"的恩惠，为该企业的主营业务收入的增长带来贡献，加大了资源的开采，加之西部大开发战略的支持，矿产开发加大。该公司的总资产报酬率也呈现上升趋势，营利能力较好（见表5）。

表5 营利能力表 单位：%

公司名称	项目	2015年	2016年	2017年
西部矿业集团有限公司	净利率	0.11	0.36	0.92
	总资产报酬率	0.11	0.79	0.81

3. 营运能力分析

西部矿业集团有限公司的存货周转率三年来波动较为平缓，2017年为三年中的最低值，表明企业存货资产变现能力较强。在总资产周转率上，该企业表现得很好，三年水平相当且该数值较高，说明企业市场占有率较高，销售能力较强，营运能力较强。并且在2017年企业的总资产周转率较2016年提升，说明企业积极融入"一带一路"发展战略，并利用其财税优惠政策，提高了企业的资产额，带来了利润的增长（见表6）。

表6 营运能力表

公司名称	项目	2015年	2016年	2017年
西部矿业集团有限公司	存货周转率	20.28	23.22	15.75
	总资产周转率	0.98	0.92	0.96

4. 发展能力分析

营业收入增长率前两年为正，2017年呈现负增长，但三年来总体差距不大，表明企业营业收入有所变化，企业营业收入的增长速度速度变缓。净资产增长率反映该公司总资产的当期获利能力，在该数值的表现上不佳（见表7）。两种指标表明企业市场前景不佳，说明企业没有充分运用到“一带一路”的财税政策，应当利用税收优惠，助推企业继续走出去，扩大市场规模，增加营业收入，提高发展能力。

表7　　发展能力表　　单位：%

公司名称	项目	2015年	2016年	2017年
西部矿业集团有限公司	主营业务收入增长率	10.39	3.77	-1.44
	净资产增长率	3.27	5.85	-3.65

五、“一带一路”背景下西部地区企业改善财务绩效的措施

如今“一带一路”倡议正在如火如荼地进行着，西部地区的企业应系统研究“一带一路”相关政策，结合自身优势，弥补自身短板，使自己充分享受到“一带一路”倡议带来的发展成果。对此，本文结合西部地区各企业的实际情况，对西部地区企业今后融入“一带一路”发展提出以下建议。

（一）企业层面

1. 企业加强区域资源整合能力，优化产业结构

西部地区是中国矿产资源和能源的主要集中地区，西部地区特有的资源优势对本地区的经济发展作出了重要贡献。为了加快西部地区经济的可持续发展速度，突出主导产业的竞争能力，就必须建立一个复合产业集群。为了实现这一目标，西部地区应当关注区域资源整合，同时对产业链、生产服务业、科技能力三者进行整合管理。

2. 优化内部财务管理，提高企业财务绩效

西部地区上市企业的营运能力和成长能力普遍较差，财务管理能力的薄弱导致企业的财务绩效水平不高，需要优化内部财务管理结构，以此促进企业的可持续发展，提高财务绩效水平。

3. 强化科技创新意识，提高核心竞争力

随着产业的规模不断扩张，从资源方面限制了西部地区经济的发展，从而影响了科技创新的发展。针对此种情况，企业应当快速调整自身经济增长策略，对产业结构进行优化，逐渐向集约型企业转化调整产业结构，以创新推动西部地区产品技术含量和附加值的提高，扩大利润空间，提高经济效益，转变为低耗能和保护环境的企业。

（二）政府层面

1. 以民营中小企业为重点，形成西部地区特色产业集群

西部地区有许多优秀的民营上市企业，其主营业务质量优良，经营业绩好，其主要财务指标高于该地区其他上市企业的平均水平。而民营企业的发展在推动地区经济协调发展中有着重要作用。因此，政府部门应重视民营企业的发展，使优秀的民营企业能够顺利入市，形成具有西部特色的产业集群。

2. 鼓励东部企业参与西部大开发，参与“一带一路”建设

目前，西部地区上市企业的数量以及融资规模与东部地区相比具有较大的差距，鼓励东部企业参与西部大开发建设，进行技术、资金方面的支持，与西部地区相互扶持，提高资源的有效配置，加快西部地区上市企业的经济建设，提高财务绩效。

3. 继续加强相关专项资金建设

目前，除了成立的“丝路基金”外，并没有形成一个系统的政策系统，企业对“一带一路”国家进行直接投资和承包工程仍然面临融资难的问题，相关专项资金仍然缺乏。因此，继续加强相关专项资金建设至关重要，相关逐项资金问题解决了，会为西部地区企业的发展增添不竭动力。

4. 消除区域贸易行政壁垒

为实现西部地区经济的加速发展，中央政府应加强宏观调控，使其各省（区）的地方政府加强合作，税务、工商、海关等部门应消除部门主义和地区利益，建立健全具有监督职能的监管机构。同时，要促进合作共赢，倡导东西部地区协调发展，以东部的发展带动西部的发展，缩小东西部发展差距，建立起东西部经济发展共同体。

5. 完善政府财政补贴方式

中国的财政补贴形式主要依靠直接补贴，目前应借鉴发达国家成功的经验，增加间接补贴机制，完善政府的财政补贴方式，引导财政补贴转向西部。加大中国财政转移支付的能力，完善西部地区的基础设施建设，通过完善税收政策引导企业流向西部。

参考文献

［1］杜胜利．企业经营业绩评价［M］．北京：经济科学出版社，1999.

［2］纪宣明，黎丽．东西部上市公司经营绩效的实证分析与评价——以京、蜀两地上市

公司为例［J］. 金融研究，2004（3）：18－19.

［3］雷得雨．“一带一路”建设背景下的西部经济发展：机遇、问题和策略［J］. 改革与战略，2016（2）：23－26.

［4］林江，曹越．推进“一带一路”建设的财税协调机制探讨［J］. 税务研究，2016（3）：22－25.

［5］刘婷婷．“一带一路”的财税支持政策研究［D］. 济南：山东财经大学，2016.

［6］孙奕驰，马树才．上市公司财务绩效评价及其影响因素研究［D］. 沈阳：辽宁大学，2011.

［7］吴虹，李海波．西部地区上市公司经营绩效研究［D］. 成都：西南交通大学，2013.

［8］杨志勇．实施“一带一路”战略的财税政策研究［J］. 税务研究，2015（6）：134－136.

［9］章承涛．西北地区上市公司经营业绩的实证分析与综合评价［D］. 兰州：兰州商学院，2010.

［10］曾虹．财税政策对“一带一路”的支持分析［J］. 中国市场，2017（5）：26－29.

［11］Hines J. Altered States. Taxes and the Location of Foreign Direct Investment in America［J］. American Economic review，1996，86（5）：57－59.

［12］Newlon T. Scott，Tax Policy and the Multinational Firm's Financial Policy and Investment Decisions［D］. PhD dissertation，Princeton University，1987：88－90.

［13］Sasatra Sudsawasd. Tax Policy and Foreign Direct Investment of a Home Country［J］. Presented at Singapore Economic Review Conference，2007：105－108.

全球减税背景下东盟国家税制改革研究*

顾依铃　李志聪　马念谊

（广西财经学院　财政与公共管理学院，广西　南宁　53003）

摘　要： 随着经济全球化的不断发展与全球减税浪潮的高涨，东盟国家顺应潮流，不断对国内的税收制度进行改革，如下调税率、优化税收优惠政策、提高个人所得税免征额、提高增值税起征点、扩大消费税征税范围等，取得了较好的成效。中国与东盟国家都属于发展中国家，国情类似，因此，东盟国家税制改革的成果经验对中国具有借鉴价值。通过分析东盟十国在全球减税背景下的税制改革动态及特点，借鉴先进经验，相应提出进一步完善中国税制改革的若干建议。

关键词： 东盟国家　税制改革　启示

［**中图分类号**］F275　［**文献标识码**］A　［**文章编号**］（2020）01－0104－11

国际金融危机后，全球经济增速大幅下滑。许多国家为应对国际竞争新形势，提高本国企业的国际竞争力，都开始了新一轮的减税行动。如美国特朗普政府在2017年实施的“百日计划”中，减税计划首当其冲，并将全球减税推向了新高潮。而东南亚国家联盟（简称“东盟”）中的许多成员国也不例外，在这次全球减税浪潮中审时度势，为适应世界性税制改革的要求和国际新形势，基于优化产业结构、保持经济持续稳步发展、加强国际经贸往来等方面的客观要求，不断地对本国的税收制度进行改革，取得了显著的成效。

东盟大部分成员国都是发展中国家，与我国国情相似，且随着“一带一路”

* ［基金项目］广西财经学院重点学术研究项目“世界主要经济合作组织税制协调与税制改革经验研究（SWX20180002）。

［作者简介］顾依铃，女，广西北海人，广西财经学院财政与公共管理学院学生；李志聪，男，广西南宁人，广西财经学院财政与公共管理学院学生；马念谊，女，广西柳州人，广西财经学院财政与公共管理学院教师，经济学博士，高级经济师，硕士研究生导师，研究方向：财税理论与实践。

和中国—东盟自由贸易区的深入发展，我国与东盟各成员国之间的经贸往来愈发密切，有着相互依托的发展需求。因此，研究东盟各成员国在全球减税背景下的税制动态和改革情况，不仅有利于减少我国企业在进行跨国合作时，因税制差异而引发的税收冲突，推动我国企业更好地“走出去”，更有助于借鉴东盟国家税制改革的先进经验，为我国的下一阶段的税制改革提供借鉴参考。

一、东盟十国税收制度概况

（一）东盟十国开征的主要税种

东盟是目前世界第七大经济体、亚洲的第三大经济体。东盟成员国大多为发展中国家，其税制结构以直接税为主或者以直接税与间接税并重。东盟国家主要开征的直接税包括企业所得税和个人所得税，其中一些石油资源发达的国家，如文莱、泰国和马来西亚，还开征了石油所得税以增加财政收入。东盟国家开征的间接税包括增值税、消费税和关税。值得注意的是，文莱在东盟国家中税制结构较为单一，其主体税种为企业所得税和石油所得税，目前尚未开征个人所得税和增值税（见表1）。

表1　东盟十国开征主要税种一览表

国家	主要直接税	主要间接税
新加坡（2018年）	公司所得税、个人所得税、社会保障税	货物劳务税、关税
文莱（2018年）	公司所得税、石油所得税	无
马来西亚（2018年）	公司所得税、个人所得税、石油所得税、不动产利得税	消费税、销售和服务税、关税
泰国（2018年）	企业所得税、个人所得税、石油所得税	增值税、特别营业税、国货税（特定消费税）、关税
菲律宾（2018年）	企业所得税、个人所得税、资本利得税、遗产及信托基金税	增值税、比例税（营业税）、特定商品消费税、关税
印度尼西亚（2018年）	企业所得税、个人所得税	增值税、奢侈品销售税、关税
越南（2018年）	企业所得税、个人所得税	增值税、消费税、关税
柬埔寨（2018年）	利润税、工资税、预提税	增值税、特定货物劳务税、关税、营业税
老挝（2018年）	利润税、个人所得税	增值税、消费税、关税
缅甸（2018年）	企业所得税、个人所得税	增值税、消费税、关税

资料来源：根据国家税务总局网站 http：//www. chinatax. gov. cn 相关资料整理。

（二）主要税种的税率及其特征

在企业所得税方面，东盟国家的标准税率基本在17%—25%，其中20%及以下占大多数。新加坡的企业所得税税率最低，为17%。虽然菲律宾的企业所得税标准税率为30%，但是自企业开始经营的第四个应税年度起，可以享受税收优惠政策，允许纳税人将营业收入总额的2%作为应纳的企业所得税额，而不将所得来源的净所得适用30%的税率。①

在个人所得税方面，东盟各国的个人所得税均采用累进税率，税率大多数在0—25%，各国家之间税率档次差别较大。印度尼西亚的税率档次最少，为4级，而新加坡的税率档次则达到了11级，是东盟国家中税率档次最多的国家。

在增值税方面，东盟国家的标准税率为5%—12%，且大多只有一档税率。其中，马来西亚和缅甸的增值税税率最低，为5%；菲律宾的增值税税率最高，为12%。

在消费税方面，东盟国家所制定的税率因征税对象的不同而适用不同的税率，且有较大差别。同时，还根据消费税应税对象的体积、质量等差异，实施不同的税率。

在关税方面，印度尼西亚和泰国关税的最高税率与最低税率之间差别较大，其他国家的关税稳定在0—40%。自中国—东盟自由贸易区建成后，东盟国家与我国实现零关税的商品税目占比达到93%以上，② 为双方的货物贸易往来提供了更多机会，有利于我国企业更好地"走出去"，实现合作共赢（见表2）。

表2　　东盟十国主要税种税率一览表

税种 国家	公司所得税	石油所得税	个人所得税	增值税	关税
文莱	18.5%	55%			0—20%
泰国	20%	50%	0—35%（8级）	7%	0—80%
菲律宾	30%		5%—32%（7级）	12%	0—30%
印度尼西亚	25%		5%—30%（4级）	10%	0—150%
柬埔寨	20%		0—20%（5级）	10%	0—35%
老挝	24%		0—24%（6级）	10%	5%—40%
缅甸	25%		0—25%（5级）	5%	0—40%
新加坡	17%		0—22%（11级）	7%	货物（除汽车）：5% 汽车：45%
越南	20%		5%—35%（7级）	标准税率：10% 其他税率：5%	（空缺）
马来西亚	24%	38%	0—28%（10级）	制成品：5%—10%； 应税劳务：6%	0—50%

资料来源：根据国家税务总局网站 http：//www.chinatax.gov.cn 相关资料整理。

① 王红晓．东南亚税制［M］．北京：中国财政经济出版社，2019.

② 中国—东盟自由贸易区93%产品实行零关税．凤凰网［EB\OL］（2020-03-26）http：//finance.ifeng.com/news/hqcj/20100104/1661778.shtml.

二、东盟十国税收制度改革动态及特点

（一）东盟十国税制改革动态

1. 企业所得税改革动态

2001—2010 年，新加坡对企业所得税实施了 6 次减税计划，税率从 26% 下调到 17%。2001 年，企业所得税税率由 26% 下调到 25.5%，2002 年降为 24.5%，2003 年下调到 22%，2005 年降为 20%，2008 年再次下调到 18%，自 2010 年以后税率维持在 17%。

目前，文莱企业所得税税率稳定在 18.5%，在东盟国家中属于较低税率。2008 年以前，文莱的企业所得税税率为 30%；2008 年将企业所得税税率降为 27.5%；经过 2009 年、2010 年、2011 年、2012 年的连续几次下调，其税率降至 20%。自 2014 年 1 月起，文莱企业所得税税率下调为 18.5% 并沿用至今。同时，文莱政府还允许企业用于购置先进技术、设备和培训企业内部员工的费用，从企业所得税应纳税额所得额中扣除，减少企业的税收负担，有利于提升国内企业竞争力。

马来西亚在 1988 年将企业所得税税率从 45% 降至 40%，在 1998 年、2003 年、2007 年、2008 年连续几次下调关税，分别调至 35%、28%、27%、26%。2014 年再次下调企业所得税税率至 24%。自 2016 年起，根据应纳税所得额增幅的百分比，对居民纳税人应纳的企业所得税，在 20%—24% 的区间确定实际适用的税率。从 2017 纳税年度起，在马来西亚注册成立的中小型居民企业①，其取得的首个 50 万林吉特以内的应纳税所得，可以适用 18% 的税率，超过部分适用 24% 的标准税率。

泰国企业进行生物、新型材料、自动化数字等核心技术服务、信息服务以及战略项目的投资时，除了在 15 年内享受减免企业所得税的税收优惠政策外，还可以获得 100 亿泰铢的补贴。对在东部经济走廊（EEC）设立的产业及跨国企业（MNCs）所完成的研发投资，可以享受更多税收优惠，以此促进新兴行业的技术开发与创新。2016—2018 年，泰国企业投入基础建设投资及发展乡村地区旅游

① 中小型居民企业指实收资本不高于 250 万林吉特，并且不隶属于任何实收资本超过 250 万林吉特的企业集团。

景点的支出，可享受100%的费用加计扣除。

2009年，菲律宾的企业所得税税率由35%降低至30%，2019年1月1日起，企业所得税税率从30%降至25%，并维持至今。同时，为了提高税收优惠政策的合理性，菲律宾对“战略优先投资计划”实施新标准，重新认定税收优惠期限，调整区域性优惠政策。

印度尼西亚在1998年将企业所得税的税率由累进税率改为单一比例税率，税率为30%；在2009年，将企业所得税税率下调至28%；自2010年起下降为25%，并维持至今。

缅甸为鼓励本国企业在国内上市，培育壮大国内资本市场，对在仰光证券交易所上市的企业，适用企业所得税税收优惠政策，税率由25%调整为20%。

近年来，越南为改善本国的贸易环境，采取有效的税收征管措施，助力税基侵蚀和利润转移（BEPS）项目的落实和推进，充分发挥税收优惠政策在BEPS项目中对经济结构调整的积极作用。

2. 个人所得税改革动态

新加坡的个人所得税税率由1978年的6%—55%降至1987年的3.5%—33%，2007—2016年所适用的税率再次下调为0—20%，同时增加个人所得税的税率级次，切实减轻纳税人的税负。虽然自2017年起起，新加坡个人所得税最高边际税率由20%调整为22%，税收负担有所回升，但是增加了较高收入者的税率档次，更好地体现了个人所得税“量能负担”的原则。同时，从2018年起，新加坡个人所得税免征额由原来的每人每年2万新元提高至每人每年8万新元。

近三年来，马来西亚的个人所得税税率一直稳定在0—28%，2018年马来西亚对个人所得税税率档次进行了调整，各档税率的累进程度由等额增加调整为“逐渐增加再逐渐减少增加额累进”的方式；边际税率较之前有所降低，使得税负设计更加合理。

泰国的个人所得税在1992—2012年采用5%—37%的5级超额累进税率；在2013—2016年采用5%—35%的7级超额累进税率，边际税率降低，纳税人的总体税收负担有所下降。自2017年起，泰国个人所得税适用最高税率的应纳税额由超过400万泰铢部分调整为超过500万泰铢部分，税负进一步下降。

菲律宾自2018年1月1日起，对年收入低于25万比索或月收入低于2.2万比索的个人免征个人所得税。个人所得税适用最高税率的应纳税所得额由超过50万比索调整为超过800万比索，并对原有累进税制进行简化。

柬埔寨个人所得税的免征额在2017年由80万瑞尔提高到100万瑞尔，2018年由100万瑞尔提高到120万瑞尔。

老挝在2013年将个人所得税由原来的适用0—40%的9级超额累进税率调整为采用0—24%的6级超额累进税率；个人所得税免征额由每年3万基普调整为每年100万基普。

3. 增值税和消费税改革动态

近年来，新加坡逐年提高商品劳务税的税率，2003年、2004年和2007年分别将商品劳务税的税率提高到4%、5%和7%，并维持至今。虽然新加坡商品劳务税的法定税率呈上升趋势，但只是微调，税率变化幅度不大。

马来西亚在2018年9月1日取消消费税，恢复征收销售税和服务税，但征税范围比之前有所缩小，税率由统一的6%变为5%或10%。同时，石油行业的销售税适用特殊税率，还有部分货物予以免税。

自2018年起，菲律宾提高增值税纳税人起征点，由原来的191.95万比索提升至300万比索。同时，规定营业额不超过300万比索的个体经营户，可选择就其收入超过25万比索的部分，适用8%的税率；提高燃料、煤炭、汽车等的消费税税率；将柴油、整形手术、含糖饮料纳入增值税的征税范围。

越南不断提高消费税税率，自2019年起消费税税率由5%—70%提高到5%—75%。其中，啤酒的消费税税率由55%增加到65%，野营车的消费税税率由70%增加到75%，雪茄、卷烟及其他烟草制品的税率由65%增加到75%。

缅甸在2017年4月1日起将增值税的起征点由原来的2000万缅元提高至5000万缅元。

（二）东盟十国税制改革特点

1. 企业所得税税率下调，税收优惠政策更加合理

受到供给学派的税收理论以及美国特朗普政府减税政策的影响，东盟许多国家为适应世界性税收制度改革的需要，纷纷进行了减税改革。在减税涉及的相关税种中，东盟国家对企业所得税的减税力度最大。特别是自2000年以后，新加坡、文莱、马来西亚等国家均对企业所得税的税率进行了多次的下调，将企业所得税税率维持在一个较低水平，更好地刺激国民就业以及外商投资，增强本国经济活力与实力。

同时，东盟国家不断完善税收优惠政策，使其更加符合本国国情，助力本国经济的发展。第一，充分运用企业所得税优惠政策激励本国企业进行技术创新。

例如，文莱规定企业购买先进技术设备的支出和人员培训费可直接从企业所得税前扣除；泰国对科学技术投资项目采取企业所得税减免、财政补贴等优惠政策；马来西亚对中小型居民企业适用比标准税率低的企业所得税优惠税率，以扶持本国中小型企业发展。第二，积极协调区域性税收政策。例如，越南密切关注BEPS项目，并积极制定相关优惠政策提升本国企业竞争力；泰国对在“东部经济走廊”项目中设立产业的企业，给予较大的税收优惠力度，以吸引外国投资者赴泰国设立研发基地。第三，在税收优惠政策的制定上注重发展民生。例如，泰国对本国的基础建设投资以及乡村地区旅游景点的发展支出，给予企业所得税税前费用扣除优惠。

2. 个人所得税税率降低、档次简并，免征额提高

在个人所得税的改革中，东盟大部分国家都下调个人所得税适用的最高税率，降低纳税人税收负担。例如，新加坡将个人所得税最高适用税率从1978年的55%下调到2017年的22%；老挝也在2013年将个人所得税适用0—40%的超额累进税率，调整为采用0—24%的超额累进税率，大幅度降低了本国纳税人的税收负担。

除了降低个人所得税最高适用税率外，东盟国家在其税率档次上也进行了调整，例如，新加坡通过减少较高收入者税率的收入区间，缩小级距；马来西亚按照个人所得税税率累进程度，按照逐渐增加再逐渐减少增加额累进的方式，使税负设计更加合理。同时，东盟国家进一步提高个人所得税免征额。例如，老挝、菲律宾、新加坡等国家都相应提高了个人所得税的免征额，中等以下收入群体的税收负担减轻，有利于体现瓦格纳的“量能负担”原则，使纳税人的税收负担与其纳税能力更加匹配。

3. 增值税起征点提高，消费税税率增加、征税范围扩大

除了直接税，东盟许多国家都对以增值税和消费税为代表的间接税进行了相应的改革。在增值税的改革中，菲律宾、缅甸、越南等国家都提高了增值税的起征点，降低小规模纳税人的生产成本，提高小微企业纳税人的购买力和行业竞争力。在消费税的改革中，菲律宾上调燃料、煤炭、汽车等应税消费品的消费税税率；越南上调烟草制品、啤酒、白酒等应税消费品的消费税税率。由此可见，东盟国家通过提高有害身体健康和污染环境的产品所适用的消费税税率，充分发挥税收对国家限制生产和消费的产品“寓禁于征”的作用，引导消费群体有意识地减少对这类产品的消费。

三、东盟国家税制改革对我国的启示

（一）优化企业所得税制，助力我国企业更好地“走出去”

1. 适当降低现行企业所得税税率

目前，我国企业所得税基本税率为25%，而东盟国家中除印度尼西亚和缅甸的税率与我国持平以外，其他国家的税率皆低于我国的税率（菲律宾除外），且大多数国家的税率在20%左右，新加坡的税率设置甚至达到17%的低税率。由此可见，与东盟国家相比，我国的企业所得税税率较高，不利于提高我国企业的国际竞争力。因此，在未来的税制改革中，有必要进一步下调我国企业所得税税率，降低我国“走出去”企业的税收成本，促进我国企业国际竞争力水平的提高，更好地推进国际经贸往来。

2. 完善企业所得税税收优惠政策体系

首先，加大对创新研发的支持力度。近年来，我国正在不断加快建设创新型国家，但与东盟国家相比，我国鼓励企业创新研发的税收优惠政策支持力度仍然较小。因此，我国应进一步加大对企业研发费用加计扣除等税收优惠政策的实施力度，适当延长所得税亏损弥补年限。同时，加大对《中国制造2025》中所涉及行业的优惠和支持力度，鼓励相关企业开展各类创新项目，鼓励企业发展新经济、培育新动能。其次，调整区域性优惠政策。由于我国原有的国际间区域性优惠政策存在不足且与东盟国家存在差异，极易在与东盟国家的贸易往来中造成双重征税风险；同时，一些跨国企业利用其规则上的不足进行偷税、逃税，形成税基侵蚀与利润转移（BEPS）等国家税收问题。因此，我国应更多关注与周边国家，如东盟国家与我国税制的差异，积极调整区域性税收优惠政策，提高税收风险防控，为我国企业跨国经营投资提供更多保护。例如：深化双边和多边税收合作，研究构建中国—东盟自贸区与“一带一路”税收合作长效机制，不断完善税收协定，争取更多降低股息、利息等条款的预提税率，进一步降低跨国企业的税收负担；开展西部大开发项目，修订西部地区的外商投资相关产业目录，制定和完善相关企业所得税优惠政策，推动西部地区提高对外开放水平，提升经济实力。

（二）优化个人所得税税制，促进社会公平

2019年，我国对个人所得税进行了多方面改革，包括提高免征额，设立住

房贷款利息、住房租金、子女教育、继续教育、赡养老人、大病医疗等6项专项附加扣除，个人所得税模式从分类所得税制转向“综合与分类相结合”的模式。但是，与东盟国家相比，我国个人所得税制度在最高边际税率、税率档次、税制结构等方面，仍然有许多不完善的地方，需要不断优化。

1. 简并并降低个人所得税税率

目前，我国个人所得税税率采用的是0—45%的七级超额累进税率，最高边际税率为45%；而东盟所有成员国的个人所得最高边际税率均在35%以下。由此可见，我国的个人所得税最高边际税率较高。过高的税率不仅会削弱较高收入群体参与经济活动的积极性，还有可能触发纳税人偷逃税的动机，不仅不利于社会公平，还会使税收总额减少。因此，建议在我国下一阶段的税制改革中，进一步降低个人所得税的最高边际税率；同时，增加较高收入群体的税率档次。这样既能提高较高收入者参与经济活动的积极性，又能充分发挥个人所得税调节居民收入分配的功能，逐步实现共同富裕。

2. 将非劳动所得纳入综合所得

在2019年的个人所得税改革中，综合所得主要是工资薪金、劳务报酬、稿酬等劳动性所得，而利息、股息、红利所得、财产租赁所得、财产转让所得等非劳动性的所得，依旧适用单一比例税率，未并入个人的综合性所得，不能充分发挥个人所得税通过税率的累进性调节收入分配的功能。因此，建议逐步调整我国个人所得税综合计征的范围，将非劳动性所得也一并纳入综合所得并适用累进税率，促进个人所得税税制更加公平、合理。

（三）降低和简并增值税税率，体现税收中性原则

虽然我国在2017年、2018年、2019年连续三年下调增值税税率，增值税的税率较以前更趋于合理化。但是，目前我国增值税的最高税率为13%，与东盟十国增值税5%—10%的标准税率相比，依旧偏高。同时，东盟国家增值税税率档次大多只有零税率和基本税率两档，而我国增值税税率结构比较复杂，依旧是多档税率并存。这在一定程度上会影响不同行业、企业间的公平竞争。基于此，建议在增值税改革方面，一是适当降低我国增值税税率，进一步降低企业税负，提高我国企业的国际竞争力。二是简并增值税税率档次，加快推进增值税税率三档并两档，降低不同企业适用多档税率引发的税负不公平问题，体现增值税中性原则，同时也能有效提高征税效率。

（四）加快消费税改革，推进绿色经济发展

绿水青山就是金山银山。党的十八大明确提出建设生态文明，推进绿色发展，党的十九大进一步提出“树立和践行绿水青山就是金山银山”的理念。虽然我国自开征消费税以来，多次对消费税的征收范围和税率进行优化，但从总体实施效果看，消费税在促进资源节约和环境保护方面的收效甚微，仍然有很大的改革空间。因此，建议借鉴东盟国家消费税改革的先进经验，继续深化我国消费税改革，充分发挥消费税对推进绿色经济发展的积极作用。一是调整消费税的征税范围，扩大对破坏节能减排和污染环境等项目的征收，比如将一次性餐盒、塑料垃圾袋等易造成环境污染的消费品列入征税范围；二是提高国家限制或禁止类应税对象的消费税税率，正确引导消费方向，调节消费结构，充分发挥消费税在促进资源节约和环境保护中的调节作用，实现我国经济的绿色、可持续发展。

参考文献

[1] 江磊．东盟四国个人所得税制比较分析［D］．厦门：厦门大学，2007.

[2] 朱建文．东盟国家的税制改革及其引发的思考［J］．未来与发展，2008（8）：76－79.

[3] 吴崇伯．东盟国家税制改革及其借鉴［J］．税务研究，2005（10）：85－89.

[4] 刘卫．中国与泰国企业所得税制比较研究［J］．商业会计，2016（6）：4－7.

[5] 龚辉文．发展中国家消费税制比较及其启示［J］．国际税收，2015（5）：25－30.

[6] 蓝相洁，张建中．中国与东盟各国税制比较研究［J］．地方财政研究，2014（10）：75－80.

[7] 王红晓．论东盟国家税制改革的趋势及经验借鉴［J］．广西经济管理干部学院学报，2007（4）：26－31.

[8] 王丽娅．东盟十国税收政策比较研究［J］．亚太经济，2010（6）：87－91.

[9] 安仲文．经济全球化下东盟国家税制改革的趋势及启示［J］．东北财经大学学报，2007（3）：41－44.

[10] 杨苏苋．新加坡税制改革对经济发展影响研究［D］．南宁：广西大学，2018.

[11] 凌荣安，古炳玮．中国与东盟各国税制改革及趋势比较［J］．宏观经济研究，2009（6）：74－79.

[12] 王红晓．东南亚税制［M］．北京：中国财政经济出版社，2018.

[13] 安仲文．东盟在推进区域经济一体化进程中税制改革面临的问题及启示［J］．生产力研究，2008（3）：91－94.

[14] 国家税务总局．中国居民赴马来西亚投资税收指南［EB/OL］．（2019－05－31）［2020－

06 - 10]. http://www.chinatax.gov.cn/chinatax/n810219/n810744/n1671176/n1671206/c3317853/5116147/files/50e84f736cf74ac8b71743cb5427e975.pdf.

[15] 国家税务总局. 中国居民赴菲律宾投资税收指南[EB/OL]. (2019-05-31)[2020-06-10]. http://www.chinatax.gov.cn/chinatax/n810219/n810744/n1671176/n1671206/c2352695/5116160/files/61f6690e0005404e82f3db426e3b8e8d.pdf.

[16] 国家税务总局. 中国居民赴柬埔寨投资税收指南[EB/OL]. (2018-11-30)[2020-06-10]. http://www.chinatax.gov.cn/chinatax/n810219/n810744/n1671176/n1671206/c2582023/5116199/files/2c36de6702414176a4c42f12a6b8e4b3.pdf.

[17] 国家税务总局. 中国居民赴老挝投资税收指南[EB/OL]. (2019-11-25)[2020-06-10]. http://www.chinatax.gov.cn/chinatax/n810219/n810744/n1671176/n1671206/c3418910/5116139/files/118f95fd19b540f1a09449f4196e1866.pdf.

[18] 国家税务总局. 中国居民赴缅甸投资税收指南[EB/OL]. (2019-11-25)[2020-06-10]. http://www.chinatax.gov.cn/chinatax/n810219/n810744/n1671176/n1671206/c2581311/5116178/files/51f7e6add60346858a12024248486ba5.pdf.

[19] 国家税务总局. 中国居民赴泰国投资税收指南[EB/OL]. (2019-05-31)[2020-06-10]. http://www.chinatax.gov.cn/chinatax/n810219/n810744/n1671176/n1671206/c2582271/5116206/files/fdc189dfed044b99a2e7569e1ac8db2c.pdf.

[20] 国家税务总局. 中国居民赴文莱投资税收指南[EB/OL]. (2018-03-01)[2020-06-10]. http://www.chinatax.gov.cn/chinatax/n810219/n810744/n1671176/n1671206/c2069834/5116151/files/2f20c8bf062c4c8f85b977dec8fdd9c6.pdf.

[21] 国家税务总局. 中国居民赴新加坡投资税收指南[EB/OL]. (2019-11-25)[2020-06-10]. http://www.chinatax.gov.cn/chinatax/n810219/n810744/n1671176/n1671206/c2582367/5116191/files/5d1611434e9f4b64b13d7f3f6b29da8b.pdf.

[22] 国家税务总局. 中国居民赴印度尼西亚投资税收指南[EB/OL]. (2019-11-25)[2020-06-10]. http://www.chinatax.gov.cn/chinatax/n810219/n810744/n1671176/n1671206/c2582395/5116207/files/a1b8cfd5267b482b8cd17e6677d8657d.pdf.

[23] 国家税务总局. 中国居民赴越南投资税收指南[EB/OL]. (2019-05-31)[2020-06-10]. http://www.chinatax.gov.cn/chinatax/n810219/n810744/n1671176/n1671206/c2582500/5116193/files/fb05ca0abf14437aa266ac48007ab1c9.pdf.

[24] 国家税务总局. 中国居民赴马来西亚投资税收指南[EB/OL]. (2019-05-31)[2020-06-10]. http://www.chinatax.gov.cn/chinatax/n810219/n810744/n1671176/n1671206/c3317853/5116147/files/50e84f736cf74ac8b71743cb5427e975.pdf.

区域经济

西部陆海新通道建设背景下广西与相关省市产业竞争力评价和比较研究*

段艳平

（广西财经学院　陆海经济一体化协同创新中心，广西　南宁　530003）

摘　要： 作为南向通道的前身，西部陆海新通道建设给广西及相关省市的产业发展带来了推动力，为了深入了解西部陆海新通道建设相关省、市、自治区的产业竞争力情况，从而更好地推动西部陆海新通道建设，本文从环境竞争力、要素竞争力、科技创新竞争力、生产竞争力等四个子系统对广西及西部陆海新通道相关省市的产业竞争力展开评价，以此了解西部陆海新通道建设的相关省、市、自治区在产业竞争力方面的优势和存在的不足，为广西及西路陆海新通道相关省市的产业发展提供更好的建议。

关键词： 西部陆海新通道　产业竞争力　评价

［**中图分类号**］F127　［**文献标识码**］A　［**文章编号**］（2020）01－0115－17

一、引言

西部陆海贸易新通道，其前身为中国与新加坡两国政府合作的中新（重庆）战略性互联互通示范项目旗下的“南向通道”，2018 年 11 月 12 日正式更名。南向通道是以重庆为运营中心，以广西、贵州、甘肃为关键节点，是中国西部相关省市与新加坡等东盟国家区域联动、国际合作共同打造，有机衔接“一带一路”

* ［基金项目］2018 年广西哲学社会科学规划课题“南向通道建设背景下广西产业提质增效对策研究”（18BJY001）。

［作者简介］段艳平，女，湖北利川人，广西财经学院经济与贸易学院副教授，研究方向：区域经济。

的建设通道。2019年1月7日，重庆、广西、贵州、甘肃、青海、新疆、云南、宁夏8个西部省份在重庆签署合作共建中新互联互通项目国际陆海贸易新通道（以下简称“陆海新通道”）框架协议，将合作推进陆海新通道建设，助推我国加快形成“陆海内外联动、东西双向互济”的对外开放格局。广西与重庆、贵州、甘肃、云南等四省的发展情况接近，因此，通过对比广西与陆海新通道相关省份的产业竞争力，以此了解广西产业竞争力在哪些方面具有优势，同时在哪些方面还存在差距，为广西更好融入陆海新通道建设做好充分的准备。

国内外对产业竞争力的研究相对比较广泛，Porter（1990）提出了产业竞争力的钻石理论，认为影响一个国家的产业竞争力主要有生产要素、需求状况、相关及支持产业、企业战略、政府和机会六大因素。J. Fagerberg（1995）和A. Zeeuw（1999）运用实证分析验证了波特的钻石理论。我国学者在钻石理论的基础上逐渐开展对产业竞争力评价体系的构建和实证研究。金碚等（2009）在比较优势的基础上选择了8个指标构建中国制造业的竞争力评价指标体系。薛涛（2007）选取市场指标、生产指标、产品指标、利润指标4个层面包含13个指标来构建产业竞争力评价指标体系。邹樵（2017）运用19个指标构建了文化创意产业竞争力评价指标体系。基于产业竞争力评价的实证研究，吕梁等（2010）运用因子分析法对深圳港与周边港口产业发展的综合竞争力进行了实证评价。马岩（2015）运用因子分析法对辽宁省制造业发展的综合竞争力进行了评价。朱飞（2018）运用熵权—TOPSIS法对环太湖地区文化旅游产业的综合竞争力进行了评价。

二、陆海新通道建设背景下广西与相关省市产业竞争力评价指标体系的构建

本文从环境竞争力、要素竞争力、科技创新竞争力、生产竞争力四个层面来构建产业竞争力评价指标体系（见表1），并基于这四个角度评价分析广西、重庆、贵州、甘肃、四川和云南的产业竞争力综合水平。

表1　产业竞争力评价指标体系

目标层	第一级指标	第二级指标	第三级指标	指标代号	指标性质
产业竞争力评价指标体系	环境竞争力	市场化水平	市场化指数	X1	正指标
		对外开放水平	进出口总额	X2	正指标
			进出口总额占GDP的比重	X3	正指标
			外商直接投资额	X4	正指标
		金融发展水平	金融机构存贷款总额	X5	正指标
		信息化水平	信息化指数	X6	正指标
		教育发展水平	教育发展指数	X7	正指标

续表

目标层	第一级指标	第二级指标	第三级指标	指标代号	指标性质
产业竞争力评价指标体系	环境竞争力	基础设施水平	公路网密度	X8	正指标
			铁路网密度	X9	正指标
		物流发展水平	货物运输量	X10	正指标
			货物周转量	X11	正指标
			邮电业务总量	X12	正指标
	要素竞争力	公共事业收费	工业用水成本	X13	逆指标
			工业用电成本	X14	逆指标
		运输成本	高速公路收费	X15	逆指标
		人力要素	城镇私营单位从业人员平均劳动报酬	X16	正指标
		资本	全社会固定资产投资	X17	正指标
	科技创新竞争力	创新能力竞争力	申请的专利总数	X18	正指标
			授权的专利数量	X19	正指标
			万人专利拥有量	X20	正指标
		创新驱动竞争力	研发支出总量	X21	正指标
			研发支出占 GDP 的比重	X22	正指标
			研发人员全时数	X23	正指标
	生产竞争力	显性竞争力	地区生产总值	X24	正指标
			经济增长率	X25	正指标
			人均 GDP	X26	正指标
			规模以上工业企业个数	X27	正指标
			非农产业占 GDP 的比重	X28	正指标
		效率竞争力	全员劳动生产率	X29	正指标
			工业成本费用利润率	X30	正指标
			万元 GDP 能耗	X31	逆指标

三、产业竞争力评价的实证分析

（一）评价方法

本章节采用 TOPSIS 方法，TOPSIS 法（Technique for Order Preference by Similarity to an Ideal Solution）由 C. L. Hwang 和 K. Yoon 于 1981 年首次提出，TOPSIS 法是根据有限评价对象与理想化目标的接近程度进行排序的方法，是在现有的对象中进行相对优劣的评价。TOPSIS 评价方法的主要步骤是：

第一步：假设需要进行评价的对象有 n 个，所有的评价对象都有 m 个评价指标，将收集起来的原始数据写成矩阵的形式即：

$$X = (X_{ij})_{m \times n}$$

第二步：将各对象的评价指标进行归一化变换，对高优指标的变换公式为：

$$Z_{ij} = \frac{X_{ij}}{\sqrt{\sum_{i=1}^{n} X_{ij}^{2}}}$$

对低优指标的变换公式为：

$$Z_{ij} = \frac{\frac{1}{X_{ij}}}{\sqrt{\sum_{i=1}^{n} (\frac{1}{X_{ij}})^{2}}}$$

第三步：同一化、归一化后得到矩阵 $Z_{ij} = (Z_{ij})_{n \times m}$，然后求出矩阵中各列的最大值与最小值，然后得到最大值向量的矩阵和最小值向量的矩阵，将两个矩阵分别设为：

$$Z^{+} = (Z_{MAX1}, Z_{MAX2}, Z_{MAX3} \cdots, Z_{MAXm})$$

$$Z^{-} = (Z_{MIN1}, Z_{MIN2}, Z_{MIN3} \cdots, Z_{MINm})$$

第四步：求出第 i 个对象与其所在列的最高值之间的距离，以及求出第 i 个对象与其所在列的最小值之间的距离，其公式分别为 D_i^{+} 和 D_i^{-}，

$$D_i^{+} = \sqrt{\sum_{j=1}^{m} (Z_{MAXj} - Z_{ij})^{2}}$$

$$D_i^{-} = \sqrt{\sum_{j=1}^{m} (Z_{MINj} - Z_{ij})^{2}}$$

第五步：计算出第 i 个评价对象与最大值之间的接近程度，用 C_i 表示：

$$C_i = \frac{D_i^{-}}{D_i^{-} + D_i^{+}}$$

（二）产业竞争力各子系统的评价

1. 环境竞争力的评价

环境竞争力由市场化水平、对外开放水平、金融发展水平、信息化水平、教育发展水平、基础设施水平以及物流发展水平几个方面组成。具体从指标来看，选择市场化指数评价市场化水平，选择进出口总额、进出口总额占 GDP 的比重、外商直接投资额三个指标评价对外开放水平，选择金融机构存贷款总额评价金融发展水平，选择信息化指数评价信息化水平，选择教育发展指数评价教育发展水平，选择公路网密度、铁路网密度评价基础设施水平，选择货物运输量、货物周转量、邮电业务总量评价物流发展水平。各二级指标及环境竞争力的综合评价结果如下：

（1）市场化水平。

通过樊纲、王小鲁的《中国分省份市场化指数报告（2016）》可以得到，广

西、重庆、贵州、甘肃、四川、云南的市场化指数分别为 6.72、8.13、4.65、3.69、6.66、4.89。市场化指数用于评价地区市场化发展水平和程度，市场化指数越高，代表地区的市场化发展水平和程度也就越高。从图 1 可以看出，广西、重庆、贵州、甘肃、四川、云南六个省份中重庆的市场化水平最高，广西排第二、甘肃的市场化水平最低。

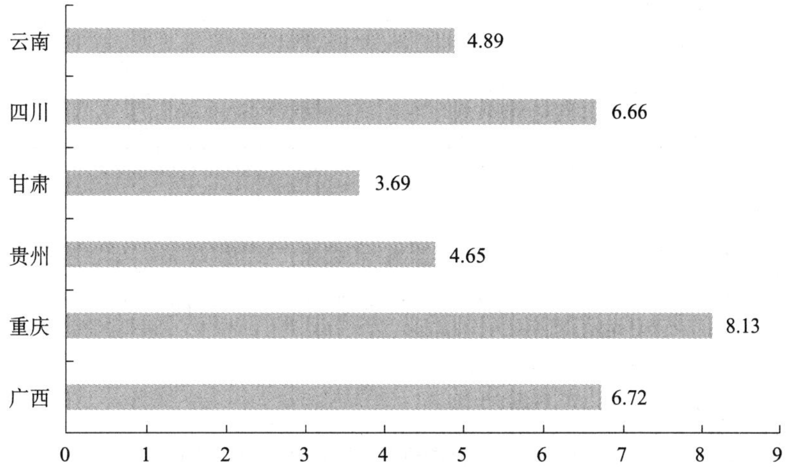

图 1　六省市场化水平比较

（2）对外开放水平。

本文选择进出口总额、进出口总额占 GDP 的比重、外商直接投资三个指标评价对外开放水平。进出口总额反映了该地区对外贸易的总量。一个地区的进出口总额占 GDP 的比重为该地区的外贸依存度，外贸依存度用于衡量一个地区对国际市场的依赖程度，是评价该地区对外开放水平的重要指标。外商直接投资反映该地区对外资的利用程度，也是衡量一个地区对外开放水平的重要指标。各地区的对外开放指标数据如表 2 所示。

表 2　　对外开放指标数据

地区	进出口总额	进出口总额占 GDP 的比重	外商直接投资额
广西	3181.46	17.3	8.88
重庆	4169.4	23.7	26.26
贵州	378.59	3.2	9.6739
甘肃	453.20	6.29	1.16
四川	14.35	79.77	110435.43
云南	9.01	26.54	50782.38

数据来源：《广西统计年鉴 2017》《重庆统计年鉴 2017》《贵州统计年鉴 2017》《甘肃统计年鉴 2017》《四川统计年鉴 2017》《云南统计年鉴 2017》。

对于对外开放指标的评价，本文采用 TOPSIS 方法进行评价，通过 TOPSIS 方法计算得出的广西、重庆、贵州、甘肃、四川、云南六省的对外开放水平状况如表3所示。

表3 TOPSIS方法对外开放水平评价结果

地区	D_i^+	D_i^-	$D_i^- + D_i^+$	$C_i = \frac{D_i^-}{D_i^- + D_i^+}$	排名
广西	0.841	0.573	1.414	0.405	3
重庆	0.604	0.844	1.448	0.583	2
贵州	1.150	0.096	1.245	0.077	5
甘肃	1.171	0.090	1.261	0.071	6
四川	0.270	1.111	1.381	0.804	1
云南	0.864	0.357	1.222	0.292	4

注：计算各地区与最优、最劣向量的距离 D_i^+, D_i^-，并计算出与最优向量的接近 C_i，C_i 越大表示综合评价越好。

从表3可以看出，广西、重庆、贵州、甘肃、四川、云南六个省份中对外开放程度最高的是四川，重庆排名第二，广西排名第三、云南、贵州、甘肃依次排名第四、第五、第六。

（3）金融发展水平。

本文选择了金融机构存贷款余额指标用以评价一个地区的金融发展水平，因为金融机构存贷款余额反映了金融市场为一个地区产业发展提供资金支持的最重要的来源和方式，该指标越大，则该地区的金融活动能力就越强，金融发展水平就越高。

从图2可以看出，六个省市中，四川的金融机构存贷款余额量值最大，重庆排第二，广西排第三，最低的是甘肃。

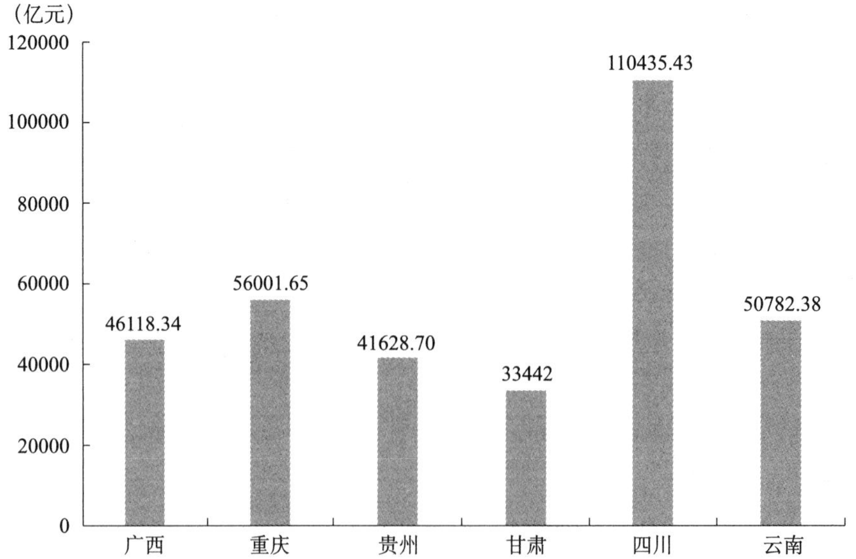

图2 六省市金融发展水平比较（金融机构存贷款余额）

（4）信息化水平。

本文采用中国信息产业发展研究院发布的《2016 年中国信息化发展水平评估报告》中各个省份的信息化指数来评价各地区的信息化水平。

从图 3 可以看出，广西、重庆、贵州、甘肃、四川、云南六省市的信息化指数分别为 71.36、72.18、67.08、58.17、73.93、59.09，信息化指数越高代表信息化水平越高。通过比较，六省市信息化水平从高到低依次是四川、重庆、广西、贵州、云南、甘肃。

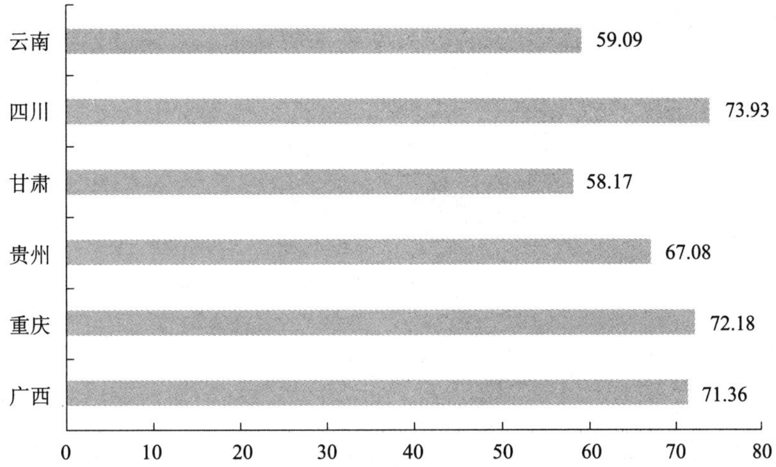

图 3　六省市信息化水平比较

（5）教育发展水平。

本文选择中国长江教育研究院发布的《中国教育指数 2017》的教育指数来评价六省市的教育发展水平，教育指数从规模、投入、质量、信息、公平、贡献、创新、创业、创造、健康、生态、法治等 12 个维度反映了全国及各省（自治区、直辖市）教育治理能力、改进效果以及发展水平。

从图 4 可以看出，四川的教育发展水平在六省市中排第一，重庆排第二，广西排第三，其他依次是甘肃、云南、贵州。

（6）基础设施水平。

本文选择公路网密度和铁路网密度用以评价地区的基础设施水平，因为公路和铁路密度的大小，反映了地区交通运输通达性的强弱以及地区基础设施建设的水平。六省市的基础设施情况见表 4。

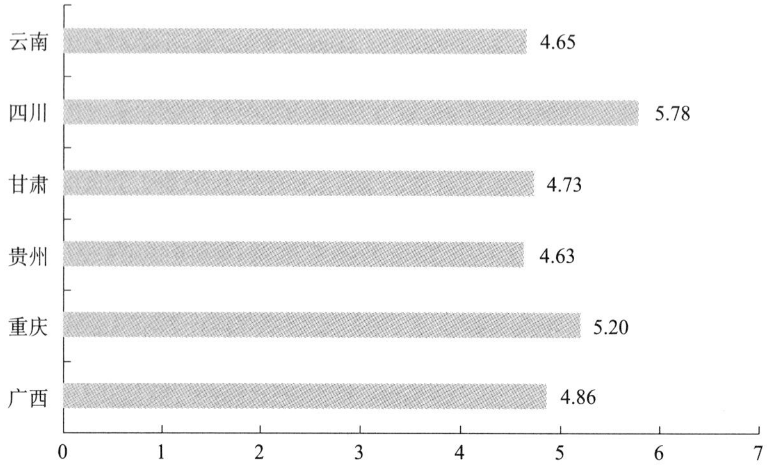

图4　六省市教育发展水平评价

表4　六省市基础设施情况

地区	公路网密度（公里/万平方公里）	铁路网密度（公里/万平方公里）
广西	5072.9	216.3
重庆	17344.4	270.7
贵州	10876.0	185.6
甘肃	3243.0	91.0
四川	6666.67	102.88
云南	6105.13	87.18

注：6个省市的公路里程和铁路里程来源于《广西统计年鉴2017》《重庆统计年鉴2017》《贵州统计年鉴2017》《甘肃统计年鉴2017》《四川统计年鉴2017》《云南统计年鉴2017》，公路网密度和铁路网密度根据相关公式计算而得。

对于基础设施水平的评价，本文采用TOPSIS方法进行评价，通过TOPSIS方法计算得出的广西、重庆、贵州、甘肃、四川、云南六省的基础设施水平的对比状况如表5所示。

表5　TOPSIS方法基础设施评价结果

地区	D_i^+	D_i^-	$D_i^- + D_i^+$	$C_i = \frac{D_i^-}{D_i^- + D_i^+}$	排名
广西	0.545	0.314	0.858	0.365	3
重庆	0.000	0.746	0.746	1.000	1
贵州	0.343	0.403	0.746	0.540	2
甘肃	0.741	0.009	0.750	0.012	6
四川	0.607	0.152	0.759	0.201	4
云南	0.649	0.124	0.773	0.160	5

注：计算各地区与最优、最劣向量的距离D_i^+，D_i^-，并计算出与最优向量的接近C_i，C_i越大表示综合评价越好。

从表5可以看出，广西、重庆、贵州、甘肃、四川、云南六个省市中基础设施水平最高的是重庆，贵州排名第二、广西第三，其他依次是四川、云南、甘肃。

（7）物流发展水平。

本文选择货物运输量、货物周转量、邮电业务总量三个指标来评价六个省市的物流发展水平。这个三个指标反映了货物运输的总量和速度。

对于物流运输水平的评价，本文采用 TOPSIS 方法进行评价，通过 TOPSIS 方法计算得出的广西、重庆、贵州、甘肃、四川、云南六省的物流发展水平的对比状况如表 6 所示。

表 6　TOPSIS 方法物流发展水平评价结果

地区	D_i^+	D_i^-	$D_i^- + D_i^+$	$C_i = \frac{D_i^-}{D_i^- + D_i^+}$	排名
广西	0.572	0.570	1.142	0.499	3
重庆	0.478	0.446	0.924	0.483	4
贵州	0.885	0.097	0.982	0.099	6
甘肃	0.878	0.106	0.984	0.108	5
四川	0.286	0.828	1.114	0.743	1
云南	0.494	0.550	1.044	0.526	2

从表 6 可以看出，广西、重庆、贵州、甘肃、四川、云南六个省市中物流运输水平最高的是四川，云南排名第二、广西第三，其他依次是重庆、甘肃、贵州。

（8）环境竞争力综合评价。

环境竞争力包括市场化指数指标、进出口总额、进出口总额占 GDP 的比重、外商直接投资、信息化指数评价信息化水平。选择教育发展指数、公路网密度、铁路网密度、货物运输量、货物周转量、邮电业务总量运用 TOPSIS 方法进行综合评价，评价结果如表 7 所示。

表 7　TOPSIS 方法环境竞争力综合评价结果

地区	D_i^+	D_i^-	$D_i^- + D_i^+$	$C_i = \frac{D_i^-}{D_i^- + D_i^+}$	排名
广西	1.236	0.899	2.135	0.421	3
重庆	0.851	1.262	2.113	0.597	2
贵州	1.580	0.437	2.017	0.217	5
甘肃	1.749	0.140	1.888	0.074	6
四川	0.730	1.504	2.234	0.673	1
云南	1.278	0.682	1.960	0.348	4

从表 7 可以发现，广西、重庆、贵州、甘肃、四川、云南六个省市在环境竞争力的综合对比方面，四川排名第一，重庆排名第二，广西排名第三，其他依次是云南、贵州、甘肃。

2. 要素竞争力评价

要素竞争力主要从公共事业收费成本、运输成本、人力吸引力、资本四个方面进行评价。选择工业用水成本、工业用电成本以评价公共事业收费成本，选择高速公路收费标准评价运输成本，这几个指标都是逆指标，太高会影响产业的发展。选择城镇私营单位从业人员平均劳动报酬以评价人力要素，这里作为正指标，因为这个指标越高则人才的吸引力就越强，越有利于促进产业发展。选择全社会固定资产投资用以评价资本。各地区各要素竞争力相关指标数据如表 8 所示。

表 8　　要素竞争力相关指标情况

地区	公共事业收费		运输成本	人力吸引力	资本
	工业用水成本（元/m^3）	工业用电成本（元/千瓦时）	高速公路收费（元/公里）	城镇私营单位从业人员平均劳动报酬（元）	全社会固定资产投资（亿元）
广西	1. 49	0. 7971	1. 44	36089	18237
重庆	1	0. 3245	2	47345	17361
贵州	3. 7	0. 3365	2. 62	39058	13204
甘肃	1. 2	1. 1249	1. 6	35685	9534
四川	4. 43	0. 7499	1. 93	37763	32097. 3
云南	5. 6	0. 3003	1. 35	49700	15662. 49

注：工业用水成本选择非居民用水；工业用电选择的是一般工商业及其他用电（35 千瓦）；高速公路收费选择的是（10—15t 的收费标准），数据来源于各省市的自来水公司以及供电局，高速公路管理局网站以及 2017 年六省市统计年鉴。

根据表 8 的统计数据资料，对公共事业收费采取 TOPSIS 方法进行评价，其他指标运输成本、人力吸引力、资本则直接进行比较，其评价结果见表 9。具体来看，公共事业收费成本方面，重庆的公共事业成本最低，甘肃第二，广西第三，其他依次是云南、贵州、四川；运输成本方面，云南最低，广西第二，其他依次是甘肃、四川、重庆、贵州。人力吸引力方面，云南对人才最有吸引力，重庆第二，贵州第三，其他依次是四川、广西、甘肃。资本投入方面，四川固定资本投入最高，广西第二，重庆第三，其他依次是云南、贵州、甘肃。总体来看，在要素竞争力综合评价方面，重庆最高，广西第二，云南第三，其他依次是四川、甘肃和贵州。

表 9　　要素竞争力各子系统及综合评价对比情况

地区	公用事业成本比较	运输成本比较	人力吸引力比较	资本比较	要素竞争力综合评价
广西	3	2	5	2	2
重庆	1	5	2	3	1
贵州	5	6	3	5	6
甘肃	2	3	6	6	5
四川	6	4	4	1	4
云南	4	1	1	4	3

注：公共事业成本以及综合评价通过 TOPSIS 方法进行评价，所有的指标已经转换为正向指标，因此排名也是正向排名。

3. 科技创新竞争力评价

本文对科技创新竞争力主要从创新能力竞争力和创新驱动竞争力两个方面进行评价。选择申请的专利数量、授权的专利数量、万人专利拥有量来评价创新能力竞争力，选择研发支出总量、研发支出占 GDP 的比重、研发人员全时数来评价创新驱动竞争力。各地区科技创新竞争力相关指标数据见表 10。

表 10　　　　科技创新竞争力相关指标情况

地区	创新能力竞争力			创新驱动竞争力		
	申请的专利总数（件）	有效发明专利数（件）	万人发明专利拥有量（件/万人）	研发支出总量（亿元）	研发支出占 GDP 的比重（%）	R&D 人员全时当量（人年）
广西	43078	14852	3	117.749	0.64	39903
重庆	59518	42738	5.48	302.183	1.70	68055
贵州	25315	10425	0.57	73.401	0.62	24124
甘肃	20276	7975	0.5	86.985	1.22	25760
四川	167484	64006	7	561.4	1.72	124614
云南	23709	12032	2.52	74.18	0.73	17000

数据来源：《广西统计年鉴 2017》《重庆统计年鉴 2017》《贵州统计年鉴 2017》《甘肃统计年鉴 2017》《四川统计年鉴 2017》《云南统计年鉴 2017》。

通过表 10 的数据资料，运用 TOPSIS 方法对创新能力竞争力和创新驱动竞争力以及科技创新竞争力综合评价进行了对比，其评价结果见表 11。从表 11 可以看出，在创新能力竞争力上面，四川最强，重庆次之，广西排第三，云南、贵州、甘肃依次为第四、第五和第六。在创新驱动竞争力方面，四川的创新驱动力在六省市中也是最强的，重庆排名第二，广西排名第四。在科技创新竞争力综合评价对比中，四川排第一，重庆第二，广西第三，其他依次是甘肃、贵州、云南。

表 11　　　　科技创新力各子系统及综合评价对比情况

地区	创新能力竞争力对比	创新驱动竞争力对比	科技创新竞争力综合评价对比
广西	3	4	3
重庆	2	2	2
贵州	5	5	5
甘肃	6	3	4
四川	1	1	1
云南	4	6	6

4. 生产竞争力评价

本文主要从显性竞争力和效率竞争力两个方面对生产竞争力进行评价。具体来说，选择地区生产总值、经济增长率、人均生产总值、规模以上工业企业个数、非农产业占 GDP 的比重用以评价显性竞争力。选择全员劳动生产率、工业成本费用利润率、万元 GDP 能耗三个指标用以评价效率竞争力。各地区生产竞争力相关指标数据见表12。

表12 生产竞争力相关指标情况

地区	显性竞争力					效率竞争		
	地区生产总值（亿元）	经济增长率（%）	人均GDP（元）	规模以上工业企业个数（个）	非农产业占GDP的比重（%）	全员劳动生产率（元）	工业成本费用利润率（%）	万元GDP能耗（吨标准煤）
广西	18318	7.3	38027	5464	85	64476	6.8	0.550
重庆	17559	10.9	57904	6782	93	101544	7.48	0.529
贵州	11777	10.5	33246	5123	84	59367	8.24	0.881
甘肃	7200.4	7.6	27458	2105	86	46492	0.96	1.019
四川	32680.5	8.1	44651	13819	88	67243.8	6.01	0.66
云南	14869.95	8.7	31265	4194	85.2	50117	3.2	0.717

数据来源：《广西统计年鉴2017》《重庆统计年鉴2017》《贵州统计年鉴2017》《甘肃统计年鉴2017》《四川统计年鉴2017》《云南统计年鉴2017》。

将表12的数据分别运用TOPSIS方法对显性竞争力和效率竞争力以及生产竞争力综合进行评价，评价结果见表13所示。由表13可以看出，六省市在显性竞争力方面，四川排名第一，重庆第二，广西第三，其他三个省份排名依次是贵州、云南、甘肃。在效率竞争力方面，重庆排名第一、广西第二、贵州第三、其他依次是四川、云南、甘肃。在生产竞争力综合评价方面，依次是：四川、重庆、广西、贵州、云南、甘肃。

表13 生产竞争力各子系统及综合评价对比情况

地区	显性竞争力对比	效率竞争力对比	生产竞争力综合评价对比
广西	3	2	3
重庆	2	1	2
贵州	4	3	4
甘肃	6	6	6
四川	1	4	1
云南	5	5	5

四、产业竞争力综合评价的实证分析

1. 多指标综合评价方法

多指标综合评价方法是利用多指标指数的理论和方法，将选择要评价的目标具有代表性的若干指标综合成一个指数，从而对评价目标的状况作出一个综合的评价。在构建综合评价指数的时候需要解决两个问题：一是指标的无量纲化处理；二是计算综合指数的权数。

对于无量纲化的转换用极值标准化转换。对于权数的确定，在多指标综合评价中，权数的确定具有十分重要的作用。权数的确定有 10 多种方法，归纳起来有主观赋权法和客观赋权法两类。主观赋权法的客观性较差，不够权威。客观赋权法是运用指标数据的信息，然后运用数学或者统计方法处理后获取权数的一种方法，与主观赋权法相比而言更具有客观性。常用的客观赋权法有主成分分析法、因子分析法、相关法等。这类方法客观性较强，但是主要是在大样本情况下采用，由于本文只涉及四个样本，指标涉及 31 个，因此，不适宜采用上述的客观赋值法确定权数。本文将采用的客观赋值法为标准差系数权数法，其步骤是：第一步求出无量纲化后的标准值的均值，即 $\bar{Z} = E(Z_j) = \frac{1}{n}\sum_{i=1}^{n} Z_{ij}$，第二步求出各指标无量纲化后的标准值的标准差 $\sigma_j = \sum_{i=1}^{n}[Z_{ij} - E(Z_j)]^2 (j = 1,2,\cdots,m)$，第三步求出各指标无量纲化后的标准值的标准差系数 $v_j = \frac{\sigma_j}{\bar{Z}_j}(j = 1,2,\cdots,m)$，第四步求出指标值的权数 $w_j = \frac{v_j}{\sum_{j=1}^{m} v_j}(j = 1,2,\cdots,m)$。

2. 产业竞争力的多指标综合评价方法的实证

根据广西、重庆、贵州、甘肃、四川和云南 2016 年的产业相关指标的数据（见表 14），对六省市的产业竞争力进行综合评价。

表 14　　六省产业竞争力相关指标值

指标	广西	重庆	贵州	甘肃	四川	云南
市场化指数	6.72	8.13	4.65	3.69	6.66	4.89
进出口总额（亿美元）	3181.5	4169.4	378.6	453.2	4605.9	1339.9
进出口总额占 GDP 的比重（%）	17.30	23.70	3.20	6.29	14.35	9.01
外商直接投资额（亿美元）	8.88	26.26	9.67	1.16	79.77	26.54
金融机构存贷款总额（亿元）	46118.3	56001.7	41628.7	33442.1	110435.4	50782.4
信息化指数	71.36	72.18	67.08	58.17	73.93	59.09
教育发展指数	4.86	5.20	4.63	4.73	5.78	4.65
公路网密度（公里/万平方公里）	216.35	270.70	185.62	91.00	102.88	87.18
铁路网密度（公里/万平方公里）	5072.9	17344.4	10876.0	3243.0	6666.7	6105.1
货物运输量（万吨）	160774.1	107840.0	89524.7	60657.1	159845.0	121900.0
货物周转量（万吨公里）	4260.4	2964.8	1482.0	2170.2	2404.0	1569.2
邮电业务总量（亿元）	452.7	887.6	42.7	22.0	1870.5	1286.4
工业用水成本（非居民用水）元/m^3	1.49	1.00	3.70	1.20	4.43	5.60

续表

指标	广西	重庆	贵州	甘肃	四川	云南
工业用电成本（一般工商业及其他用电 35 千瓦）（元/千瓦时）	0.80	0.32	0.34	1.12	0.75	0.30
高速公路收费（元/公里）	1.44	2.00	2.62	1.60	1.93	1.35
城镇私营单位从业人员平均劳动报酬（元）	36089	47345	39058	35685	37763	49700
全社会固定资产投资	18236.8	17361.1	13204.0	9534.1	32097.3	15662.5
申请的专利总数（个）	43078.0	59518.0	25315.0	20276.0	167484.0	23709.0
有效发明专利数（个）	14852.0	42738.0	10425.0	7975.0	64006.0	12032.0
万人发明专利拥有量（个）	3.0	5.5	0.6	0.5	7.0	2.5
研发支出总量（亿元）	117.7	302.2	73.4	87.0	561.4	74.2
研发支出占 GDP 的比重（%）	0.64	1.70	0.62	1.22	1.72	0.73
R&D 人员全时当量（人年）	39903	68055	24124	25760	124614	17000
地区生产总值（亿元）	18317.6	17559.3	11776.7	7200.4	32680.5	14870.0
经济增长率（%）	7.30	10.90	10.50	7.60	8.10	8.70
人均 GDP（元）	38027	57904	33246	27458	44651.00	31265
规模以上工业企业个数（个）	5464.00	6782.00	5123.00	2105.00	13819	4194.00
非农产业占 GDP 的比重（%）	85.00	93.00	84.00	86.00	88.00	85.2
全员劳动生产率（元/人）	64476.0	101544	59366.9	46491.8	67243.8	50117.0
工业成本费用利润率（%）	6.80	7.48	8.24	0.96	6.01	3.20
万元 GDP 能耗（吨标准煤/万元）	0.55	0.53	0.88	1.02	0.66	0.717

经过无量纲化后的标准值如表 15 所示。

表 15　　六省产业竞争力相关指标的标准化值

指标	广西	重庆	贵州	甘肃	四川	云南
市场化指数	0.68	1.00	0.22	0.00	0.67	0.27
进出口总额	0.66	0.90	0.00	0.02	1.00	0.23
进出口总额占 GDP 的比重	0.69	1.00	0.00	0.15	0.54	0.28
外商直接投资额	0.10	0.32	0.11	0.00	1.00	0.32
金融机构存贷款总额	0.16	0.29	0.11	0.00	1.00	0.23
信息化指数	0.84	0.89	0.57	0.00	1.00	0.06
教育发展指数	0.20	0.50	0.00	0.09	1.00	0.02
公路网密度	0.70	1.00	0.54	0.02	0.09	0.00
铁路网密度	0.13	1.00	0.54	0.00	0.24	0.20
货物运输量	1.00	0.47	0.29	0.00	0.99	0.61
货物周转量	1.00	0.53	0.00	0.25	0.33	0.03
邮电业务总量	0.23	0.47	0.01	0.00	1.00	0.68
工业用水成本（非居民用水）	0.60	1.00	0.11	0.80	0.06	0.00

续表

指标	广西	重庆	贵州	甘肃	四川	云南
工业用电成本（一般工商业及其他用电 35 千瓦）	0.15	0.90	0.85	0.00	0.18	1.00
高速公路收费	0.87	0.33	0.00	0.68	0.38	1.00
城镇私营单位从业人员平均劳动报酬	0.03	0.83	0.24	0.00	0.15	1.00
全社会固定资产投资	0.39	0.35	0.16	0.00	1.00	0.27
申请的专利总数	0.15	0.27	0.03	0.00	1.00	0.02
有效发明专利数	0.12	0.62	0.04	0.00	1.00	0.07
万人发明专利拥有量	0.38	0.77	0.01	0.00	1.00	0.31
研发支出总量	0.09	0.47	0.00	0.03	1.00	0.00
研发支出占 GDP 的比重	0.02	0.98	0.00	0.55	1.00	0.10
R&D 人员全时当量	0.21	0.47	0.07	0.08	1.00	0.00
地区生产总值	0.44	0.41	0.18	0.00	1.00	0.30
经济增长率	0.00	1.00	0.89	0.08	0.22	0.39
人均 GDP	0.35	1.00	0.19	0.00	0.56	0.13
规模以上工业企业个数	0.29	0.40	0.26	0.00	1.00	0.18
非农产业占 GDP 的比重	0.11	1.00	0.00	0.22	0.44	0.13
全员劳动生产率	0.33	1.00	0.23	0.00	0.38	0.07
工业成本费用利润率	0.80	0.90	1.00	0.00	0.69	0.31
万元 GDP 能耗	0.92	1.00	0.17	0.00	0.59	0.45

按照标准差系数权数法确定的权数如表 16 所示。

表 16　各指标权数

指标	权重	指标	权重
市场化指数	0.025	全社会固定资产投资	0.030
进出口总额	0.030	申请的专利总数	0.049
进出口总额占 GDP 的比重	0.026	有效发明专利数	0.042
外商直接投资额	0.037	万人发明专利拥有量	0.031
金融机构存贷款总额	0.038	研发支出总量	0.048
信息化指数	0.025	研发支出占 GDP 的比重	0.034
教育发展指数	0.041	R&D 人员全时当量	0.039
公路网密度	0.034	地区生产总值	0.028
铁路网密度	0.033	经济增长率	0.031
货物运输量	0.022	人均 GDP	0.031
货物周转量	0.033	规模以上工业企业个数	0.031
邮电业务总量	0.031	非农产业占 GDP 的比重	0.036
工业用水成本（非居民用水）	0.032	全员劳动生产率	0.034
工业用电成本（一般工商业及其他用电 35 千瓦）	0.028	工业成本费用利润率	0.020
高速公路收费	0.022	万元 GDP 能耗	0.024
城镇私营单位从业人员平均劳动报酬	0.036		

按照表15和表16的权数计算出六省市的综合指数（见表17）。

表17 六省产业竞争力综合比较

地区	综合指数	产业竞争力排名
广西	0.361999	3
重庆	0.691468	2
贵州	0.195188	5
甘肃	0.090482	6
四川	0.71005	1
云南	0.251627	4

从表17可以看出，在产业竞争力评价方面，四川的综合竞争力是最强的，重庆排名第二，广西排名第三，其他依次是云南、贵州、甘肃。

五、产业竞争力综合评价结果分析

通过前面的产业竞争力综合评价的结果可以看到，广西与陆海新通道相关省份的产业竞争力综合评价对比中，广西产业发展的环境竞争力排名在四川和重庆之后，高于云南、贵州和甘肃。在要素竞争力的评价中，广西产业发展的要素竞争力仅次于重庆，高于云南、四川、贵州和甘肃，构成要素竞争力子系统的广西产业发展的运输成本和固定资本投入方面在六省市中排名第二，说明广西在近年产业发展中的基础设施建设和物流服务能力显著加强。但是广西在人力吸引力方面排名第五，仅高于甘肃；在科技创新竞争力的评价中，广西产业发展的科技创新竞争力评价中排名第三，次于四川和重庆，高于甘肃、贵州和云南，构成科技创新竞争力子系统的创新能力竞争力排名在四川和重庆之后，在创新驱动竞争力排名第四，低于四川、重庆和甘肃。在生产竞争力评价中，广西产业发展的生产竞争力排名低于四川和重庆，在构成生产竞争力子系统的显性竞争力低于四川和重庆，在效率竞争力仅落后于重庆，排名第二，高于其他四个省份。广西作为陆海新通道建设的关键结点，与西部其他省份重庆、贵州、甘肃、四川、云南在互联互通和相互合作方面对于推动陆海新通道建设中具有十分重要的意义，通过产业竞争力的综合评价对比可以看出，广西的产业综合竞争力排名在四川和重庆之后，高于云南、贵州和甘肃，说明广西产业的发展有着自身的优势，广西完全有能力融入“一带一路”建设，加快推进陆海新通道建设发展。

虽然广西的产业综合竞争力领先于云南、贵州和甘肃，但是重庆作为陆海新通道的运营中心，四川作为西部地区的重要省份，广西的产业综合竞争力与重庆和四川相比还存在一定的差距，例如广西在基础设施建设方面，公路网密度、铁路网密度与重庆有着较大的差距，公路网密度与贵州也存在着差距。在要素竞争力上面，广西有些要素成本仍偏高，比如在物流运输成本上面，由于评价采用的是 2017 年前的数据资料，评价结果显示广西的物流成本低于重庆，但是 2018 年重庆高速实行套餐通行收费标准①，新标准致使广西的物流运输成本远远高于重庆。通过评价，广西在人才吸引力和科技创新等方面也与重庆、四川存在着差距，由此可以看出，广西的产业发展还存在不足。

通过陆海新通道相关省区的产业综合竞争力评价可知，广西的产业竞争力提升既要充分利用存在的优势，也要正视自身的不足，进一步深化体制机制改革，统筹整合各类资源和要素，降低企业运营成本。实施人才战略，提升人才吸引力。实施创新驱动战略，提升科技创新能力。进一步加强基础设施建设，加强陆海新通道相关省区的互联互通，加强与陆海新通道相关省区的产能合作，做大做强传统优势产业，大力发展新兴产业。推进广西产业综合竞争力得到更大幅度的提升，从而更大程度地参与陆海新通道的建设。

参考文献

［1］Porter M E. The Competitive advantage of nations［M］. New York：The Free Press，1990.

［2］J. Fagerberg. User Producer Inter – action Learning and Comparative Advantage［J］. Cambridge Journal of Economics，1995（19）：243 –256.

［3］A. Zeeuw. Environment policy and competitiveness：the porter hypothesis and the composition of capital［J］. Journal of Environment Economics and Management，1999（37）：165 –182.

［4］金碚等. 竞争力经济学［M］. 广州：广东经济出版社，2003.

［5］薛涛. 产业竞争力综合评价指标体系研究［J］. 中小企业管理与科技，2007（8）：82 –83.

［6］邹樵，肖世姝. 基于 AHP 的文化创意产业竞争力评价指标体系设计［J］. 统计与决策，2017，492（24）：60 –62.

［7］吕梁，高红，贾红雨，等. 基于因子分析和数据包络分析的港口竞争力评价［J］. 大连海事大学学报，2010（4）：45 –49.

［8］马岩. 辽宁省制造业产业竞争力实证研究［D］. 沈阳：辽宁大学，2015.

［9］朱飞. 基于 DEMATEL 模型的文化旅游产业集群发展关键因子分析——以环太湖地区为例［J］. 江南大学学报（人文社会科学版），2017（1）：117 –124.

① 重庆自 2018 年 1 月 1 日零时起，取消征收主城区路桥通行费，高速推出的通行费优惠套餐。

新基建背景下涉海基金对港口经济发展的作用研究*

肖 临

（广西财经学院 信息与统计学院，广西 南宁 530003）

摘 要：港口经济已成为区域重要的经济增长极。港口经济发展需要涉海基金品种提供投融资渠道，目前市场上较为缺乏涉海基金种类，涉海基金仍处于发展初始阶段。结合大数据分析、人工智能、区块链、5G 等基于新基建的新技术的融入，提出前沿管理对策，推动涉海基金发展，为打造智能化、数字化的港口经济提供资金支撑。

关键词：涉海基金 港口经济 新基建

［**中图分类号**］G640 ［**文献标识码**］A ［**文章编号**］（2020）01－0132－09

一、引言

港口经济已成为各地区经济发展的增长极。港口经济依托海洋运输、海洋资源、临海工业以及商贸等相关产业的发展，能带动港口区域、港口城市及腹地的经济发展。例如，香港依托港口主打金融、购物、旅游、港口运输等特色产业，同时对接庞大的珠三角制造业，并连接澳门博彩行业等服务业，形成粤港澳大湾区区域分工布局结构，有力地支撑了大湾区经济的发展。

港口经济支撑产业如海洋资源开发、滨海旅游、进出口贸易等的发展，具有

*［基金项目］广西社科省级一般项目（18BTJ001）；湖南省社科基金一般项目（16YBA239）；陆海经济一体化协同创新中心（Collaborative Innovation Center for Integration of Terrestrial & Marine Economies）项目（2019YB14）；广西教学改革工程项目区级一般 A 类课题（2019JGA293）；2018 年度“海陆经济一体化与海上丝绸之路建设研究协同中心”立项项目（2018YB14）；广西高校中青年教师基础能力提升项目（2018KY0524）；广西财经学院 2019 年度校级虚拟仿真实验教学项目（2019XNA06）。

［作者简介］肖临，女，湖南长沙人，广西财经学院副研究员，研究方向：数理金融与金融工程、精算学、风险投资等。

风险大、成本高、经济活动复杂等特点。从港口支撑产业发展的路径探索，首要的切入点是涉海金融的支持，需要不同的金融产品服务各港口经济支撑产业的发展，通过金融市场解决融资、规避或转移风险等问题。当前，涉海金融正处于起步阶段，缺乏相应的涉海金融产品和资本市场融资与投资体系。其中，一个目前发展相对较快的产品是涉海基金。涉海基金针对不同的涉海产业，组织相应的基金机构共同投资，合理分配基金收益，实现参与多方共赢的格局，是近几年（2017—2020 年）各大港口城市推出的一项促进海洋经济发展的金融政策和投融资工具。涉海基金发展面临的一个重要问题，是当港口经济中的涉海基金投资人来自周边各国时，会导致投资人数量剧增、交易额和交易频次急剧增加，带来数据存储和数据分析处置困难。这需要改进涉海基金的运营方式，尤其是运用大数据、人工智能、区块链、5G 等新基建所支撑的网络新技术，进行多行业知识融合，创新涉海基金运营管理。

本文着重探讨涉海基金发展现状，在港口经济领域中的主要投资分布，分析涉海基金存在的问题，在此基础上阐析涉海基金对港口经济发展的作用，以此为相应对策，为促进涉海基金发展，打造新型智能化港口提供金融支持和数据参考。

二、文献综述

通过百度学术及其他网页查询，对港口经济和涉海基金的理论研究很少，运用大数据分析、人工智能、区块链技术解决港口涉海基金问题的中外文献也极少。运用这些新技术对推动港口经济和创新涉海基金产品的研究有较高程度的原创性，目前未查到此方面直接的研究文献。

目前有文献研究影响港口经济发展的重要因素，如 Schiozzi、Jugovi 和 Smojver（2018）评价了影响海港发展的定量和定性因素，他们从城市空间概念出发，分析了最重要的利益攸关方——国家—地方社区、国家—港口管理机构、国家—经济、地方社区—港口管理机构、地方社区—经济、经济—港口管理机构。较多文献探讨了基金整体的风险投资、数值计算、组合投资模型等理论问题，针对促进港口区域经济发展的涉海基金的理论和实证研究均较少。Sun Y、Aw G 和 Loxton（2016）研究了政府和公司债券组成的养老基金的投资组合优化问题，将该问题建模为具有机会约束的随机离散时间最优控制问题，运用梯度优化技术解决近似问题，并进行了仿真研究。陈丽娟等（2014）对单支开放式基金收益率分布的厚尾特征和不同基金间非线性相关关系进行描述，并用 ES 方法度量不同权重下基金组合风险，实证表明 t－Copula 函数下的模型更能反映出组合间的尾部相关性，说明 t－Copula 函数下的 Copula－SV－t 模型在实际中更具应用价值。

很多文献都提出了基于粒子群算法的改进研究，逐渐开始运用机器学习、神经网络等大数据分析和人工智能理论进行基金组合投资的算法创新。高岳林、余雅萍（2017）在 Markowitz 均值—方差模型基础上，建立带有资产数目和投资比例约束的投资组合模型，构造基于量子粒子群优化的差分进化和混沌搜索混合算法，数值实验表明此算法优于其他改进的粒子群算法、差分进化算法、遗传算法、模拟退火算法、禁忌搜索算法。陈国福等（2018）研究考虑交易成本的投资组合模型，分别以风险价值（VAR）和夏普比率（SR）作为投资组合的风险评价指标和效益评价指标，在引力搜索和粒子群算法的基础上提出了一种混合优化算法，以充分发挥单一算法的开采能力和探索能力，快速收敛到模型最优解。黄招娣等（2013）针对传统人工神经网络中的 BP 神经网络自身局限以及其迭代次数多、收敛精度不高和泛化性差等缺点，提出了一种基于粒子群算法的 BP 神经网络优化证券投资组合方法，此方法优于传统的 BP 神经网络优化方法。吴婉婷等（2019）针对传统投资组合策略的高频资产配置调整产生高额交易成本从而导致最终收益不佳这一问题，提出基于机器学习与在线学习理论的半指数梯度投资组合策略。张懿（2019）基于人工蜂群算法基本思想，对投资组合问题中的带基数约束的均值—方差模型进行求解，设计了能够始终得到可行解的 FABC 算法、收敛速度更快的 IFABC 算法、求解效果更优的 QFABC 算法。

几位国外学者提出运用区块链技术改进金融市场基础设施。Walch（2015）从操作风险角度，考虑比特币区块链作为金融市场基础设施的适宜性，提出区块链这一引人注目的创新可以彻底改变金融体系，如支付、结算和清算系统，消除困扰现有金融基础设施的成本和低效。目前，每个重要的金融机构，从高盛到纳斯达克，都在尝试这种新技术。Micheler、Heyde（2016）运用区块链技术于持有、清算和结算证券，通过赋予资产所有者权力创建一个有效的系统，具有与当前系统相同的交易安全水平，但同时消除了监护风险。Don T.、Alex T.（2016）出版著作《Revolution：How the Technology Behind Bitcoin Is Changing Money，Business，and the World》，从各角度阐述比特币背后技术将如何改变货币、商业、政府和世界，认为区块链将是一场革命，可以重塑金融服务，形成区块链 IPO 及预测市场的市场。Vishva N. P. 和 Chhayaben N. P.（2019）提出在智能城市时代，从一个依赖于基于分类账和政府记录的传统数据管理系统，转变为更智能、不可变和透明的处理数据及其交易的区块链模式是不可避免的，区块链的分散架构可以支持物联网、智能企业和智能城市治理。Zhu H、Zhou Z Z（2016）研究区块链技术在我国股权众筹中的应用，认为其在金融行业有很大潜力，可能是一种安全、高效、低成本的解决方案，可以支持管理投资者和打击洗钱等监管活动。Kube N. 和 Daniel D.（2018）做了关于区块链基础的书评及区块链 25 步非技术的介绍，Shedroff N.（2018）论述区块链准备在几乎每一个行业和商业甚至房地产，都做出巨大改变。这些文献均阐述了区块链技术很适合于进行港口智慧城市管理，在涉海基金行业可能会产生颠覆性的作用，甚至将会产生新一轮革命。

三、港口涉海基金发展现状与问题

涉海金融是近几年提出来的热门概念。涉海金融体系涵盖面广泛，包括涉海基金、债券、保险、期货、期权等一系列内容，与传统的金融业务相比，其风险特点更集中更复杂，覆盖面主要为海洋和港口的经济活动。本文仅对港口经济环境中的涉海基金展开研究。港口涉海基金主要指跟海洋有关的沿海港口城市经济发展所需的基金，国内 2014 年首先发布了前海开源大海洋战略经济灵活配置混合型证券投资基金，后续基金发布主要集中在 2017—2020 年，比如 2019 年 9 月山东省港口集团设立的千亿级陆海联动发展基金，重点投向内陆港布局建设、战略新兴产业、临港产业、人工智能、高端装备、新材料、物联网、节能环保等高新技术及邮轮经济产业链。目前能百度搜索到的港口涉海基金品种不多，采用在海洋网（http：www. hellosea. net）等网上搜集到的资料，按时间先后顺序总结该网站上的港口涉海基金的投资规模、投资领域等，如表 1 所示。

表 1　　港口涉海基金及主要投资领域汇总

时间	基金品种	投资状况
2014 年 7 月	前海开源大海洋战略经济灵活配置混合型证券投资基金	精选投资与大海洋战略经济相关的优质证券。
2017 年 12 月	杭州湾大湾区 8 家浙商成立基金会	重点建设杭州湾经济区，推进沿海大平台深度开发。
2018 年 3 月	深圳设立 500 亿元规模海洋产业发展基金	建设全球海洋中心城市，强化金融与海洋科技新兴产业互动，促进深圳海洋产业国际化、高端化、智能化。
2018 年 3 月	中国海洋发展基金会专项基金在福建福州成立	推进海洋生态环境整治、滨海湿地修复、增殖放流、海洋资源开发、海洋经济发展等项目，加强台湾海峡海洋资源保护与利用。
2018 年 10 月	海南农垦产业发展股权投资基金	基金规模 50 亿元，首期 10 亿元，部分投向海洋经济等新产业。

续表

时间	基金品种	投资状况
2018年10月	财政部鼓励海南设自由贸易港建设基金	促进海南在海洋油气勘察开发的设施建设。
2018年11月	山东首支现代海洋产业基金通过审议，建立“6个1”新体系	投资海洋高端装备制造、智慧海洋、海洋生物、海水淡化及利用、海洋新能源新材料、海洋渔业、海洋化工业、海洋交通运输、滨海旅游等，推动海洋经济高质量发展。
2018年12月	大湾区基金在香港成立，基金规模有望达1000亿元	创设高水准数据平台，引进顶级医疗健康、人工智能和金融科技等企业，带动大湾区和国家科技创新、产业升级。
2018年度	中国—东盟海上合作基金批准立项11个项目	用于支持我国与东盟国家开展海洋经济、海洋科技与环保、海上互联互通、海上防灾减灾、海洋人文交流等领域合作。
2019年4月	深圳组建海洋新兴产业基地基础设施投资基金	投资基金取得国家海洋局海域使用权证书，一期基金规模40亿元，位于珠三角东岸中部、大空港规划区西北部。
2019年6月	青岛设立50亿元基金支持海洋医药研究	培育海洋生物医药这一新动能产业。
2019年6月	英国设1亿英镑基金	开发海上风电，到2030年英国将有1/3电力由风电产生，市场规模预计达300亿英镑。
2019年6月	国寿投资公司出资170亿元支持大湾区	投资项目包括交通枢纽、轨道交通及产业园区等。
2019年6月	发行国内首只粤港澳大湾区主题ETF	跟踪中证粤港澳大湾区发展主题指数。
2019年6月	洪泰基金管理10.2亿元海洋产业基金	打造立足新区、辐射山东、面向全国的绿色金融集聚高地，力争持续引进金融机构300家以上。
2019年12月	深圳计划设立规模30亿元的深圳航运基金	支持航运产业发展，投资领域包括航运以及现代航运服务业等企业股权，引导深圳航运产业绿色、智慧和高端发展。
2019年12月	前海中船智慧海洋创新基金，目标规模100亿元	深圳市海洋产业基金首只基金，推动涉海龙头企业、海洋科研院所等培育一批智慧海洋产业上市公司和独角兽企业。
2020年2月	欧盟成立5.7亿元蓝色投资基金以及3亿元专项资助	从渔业和水产养殖到近海风能、波浪能和潮汐能、蓝色生物技术和许多其他创新领域。

总体而言，目前涉海基金发展还处于初级阶段，存在一些问题：第一，基金品种少，当前市场上发布的港口涉海基金仅有10来种，远远满足不了需要。例如，在2018年深圳市六届人大六次会议提出的“关于出台涉海金融支持政策的建议”一文中指出，涉海金融存在较多薄弱环节，未形成多层次、市场化支持海洋经济的资本市场融资体系和产品体系。第二，基金涉足的领域相对狭窄，重点不突出。目前，相当多的应用于基础设施领域，对于经济带动效应突出的产业覆盖面不广。第三，涉海基金所依托的技术手段陈旧，不能适应现代网络技术发展的需要，限制了基金功能的发挥。应紧跟时代的发展步伐，运用新一代的大数据

分析、人工智能、区块链技术等相关技术，以此促进涉海基金的发展，带动港口经济的发展，并促进港口城市的智能化、信息化管理。

四、融合新技术的涉海基金对港口经济发展的重要作用

涉海基金对港口经济发展的促进作用是巨大的，目前，国家提出的海洋强国战略既为港口发展带来了巨大契机，也为涉海基金发展带来了无限潜力。据《经济参考报》报道，到2050年我国将形成若干个世界级港口群，全面建成世界一流港口。应廓清涉海基金对于港口经济发展的具体作用，并采取针对性手段和措施，发挥其对于港口经济发展的促进作用。

（一）涉海基金能有力推动港口经济发展

我国有深圳、上海、天津、广州、杭州、青岛、北海等各种大大小小的港口城市，海洋经济占GDP比重、涉海就业人员占从业人员比重均接近10%，根据国家的海洋经济发展战略，未来这些港口和涉海产业必将实现更大的发展。促进港口经济发展必不可少地需要各种涉海基金的投入。涉海基金能直接、有效地缓解港口发展的资金需求，为之提供坚实的资金保障。并且在区块链等基于新基建基础上的互联网技术快速崛起的背景下，涉海基金通过采用这些技术，可以实现智能化，从而进一步提升资金使用效果，提高促进经济增长的效应。

（二）涉海基金有利于带动港口产业智能升级

运用区块链智能化技术，创新港口涉海基金的智能化运营模式和组合投资分析新模式，有利于带动港口产业智能升级。区块链技术是利用块链式数据结构验证与存储数据，利用分布式节点共识算法生成和更新数据，运用密码学方法保证数据传输和访问安全，由自动化脚本代码组成的智能合约进行编程和操作数据的一种全新的分布式基础架构与计算方式。理论上，区块链技术可以解决港口涉海基金组合投资的风险及交易安全等问题，包括基金融资发行、资金安全、涉外风险、基金交易等，可以降低成本，更方便地吸引大众参与进来。运用大数据分析、人工智能，数据存储得到较好的分布式保存，全面分析掌握客户信息及行为记录，更容易进行客户分类，投融资更方便，每笔交易可以追溯源头，安全性得到保障。通过区块链数据可追溯、不可更改等特性，比较容易监控异常交易行为，且可以找到责任人，使涉海基金投资环境更公平，更有利于港口政府管理涉

海基金市场，尤其港口城市投资者来自于不同国家、不同性质机构，也便于监控国际风险。

（三）涉海基金有利于促进港口经济智能化发展

据2019年新浪财经报道，智慧港口、绿色港口成为新的发展方向。结合大数据分析、人工智能等新技术，涉海基金组合投资有利于促进港口经济智能化发展。考虑基金动态规模、买卖费用、投资策略的风险约束条件，组合投资测算随着不同优化算法得出的结论也可能不同，采用人工智能算法学习，可以对涉海基金组合投资进行预测和优化控制。投资一定比例的货币市场基金，以及其他期货和期权基金、黄金基金、产业基金、外汇对冲基金等，需要结合港口涉海基金特点及风险偏好进行选择。开放式基金总规模动态变化，交易频次频繁，交易时间地点不同，数据存储规模较大。管理大量交易数据，分析基金总规模变动及长期留存规模，设计组合投资实现资产增值及风险监控，不同行业、不同类型基金品种的选择对稳定盈利的计算很重要。分析基金申购客户类型，利用区块链分布式节点数据及不可篡改特性，可以掌握各个投资机构特性、风险偏好等信息，针对股票型基金、指数基金、债券型基金、货币型基金等，更有利于做出正确的组合投资策略。涉海项目的投资往往是较长期的过程，需要用一部分资金长线投资封闭式基金，也应该从时间上来分散资金投资，防控系统性风险，把资金安全摆在第一位。

五、利用涉海基金促进港口经济发展的对策

为加强涉海基金在港口经济发展和政府管理中的作用，需要运用新数字技术，创新基金产品设计，同时注意投资方向侧重于实力强的科技化产业，以此助力其发展。

第一，港口涉海基金处于初级发展阶段，运用区块链等互联网技术管理基金也属于初始阶段，市场和技术风险较大。应努力拓展传统的基金运营模式及风险监控模式，创新港口涉海基金组合投资模型和区块链运营模式，以此为基金公司和港口政府提供涉海基金发展风险的监控与解决方案。

第二，通过大数据分析工具搜集产业大数据信息，进行数值计算和数据可视化，运用先进的人工智能算法促进组合投资模型的预测精度及风险监控，充分发挥新数字技术的功能作用，促进智能化港口的发展。

第三，开发港口涉海基金的AI智能合约，对涉海基金和港口重要支柱产业发展提供资金支持和风险管控工具，为打造智能化港口提供前期研究。

第四，港口涉海基金主要投资领域涵盖物流运输、大数据中心、区块链设施、人工智能产品、出入境贸易平台等，以及传统的海洋经济产业、滨海旅游产业等，应选择好重点领域，重点打造几支显著影响港口经济的涉海基金明星产品。

第五，推进港口新基建的建设力度，提升港口政务管理信息化、智能化水平，打造先进的智慧港口码头，使港口能灵活地调配涉海基金，提升其对打造港口经济增长极的支撑功能。

参考文献

[1] Schiozzi D, Jugovi, Smojver A, et al. Comparative Analysis of the Related Interests of Relevant Stakeholders in the Development of Seaports in Relation to the Spatial Concept of the City [J]. Pomorstvo: journal of maritime studies, 2018. https: //doi. org/ 10. 31217/p. 32. 1. 17.

[2] Sun Y, Aw G, Loxton R, et al. Chance – constrained Optimization for Pension Fund Portfolios in the Presence of Default Risk [J]. European Journal of Operational Research, 2016, 256 (1): 205 –214.

[3] 陈丽娟，贾贝贝，陈永祥．基于Copula – SV – t模型的开放式基金投资组合优化 [J]. 金融教学与研究，2014，156 (4): 54 –59.

[4] 高岳林，余雅萍．基于混合量子粒子群优化的投资组合模型及实证分析 [J]. 工程数学学报，2017 (1): 25 –34.

[5] 陈国福，陈小山，张瑞．基于引力搜索和粒子群混合优化算法的证券投资组合问题研究 [J]. 运筹与管理，2018，27 (9): 174 –179.

[6] 黄招娣，应宛月，余立琴，等．基于PSO的神经网络优化证券投资组合方法研究 [J]. 华东交通大学学报，2013 (2): 45 –49.

[7] 吴婉婷，朱燕，黄定江．在线投资组合选择的半指数梯度策略及实证分析 [J]. 计算机应用，2019，39 (8): 2462 –2467.

[8] 张懿．人工蜂群算法在投资组合问题中的优化应用 [J]. 计算机与数字工程，2019，47 (8): 1869 –1894.

[9] Walch A. The Bitcoin Blockchain as Financial Market Infrastructure: A Consideration of Operational Risk [J]. New York University Journal of Legislation & Public Policy, 2015 (18): 837 –893.

[10] Micheler E, Heyde L V D. Holding, clearing and settling securities through blockchain technology Creating an efficient system by empowering asset owners [J]. Blockchain and financial markets technology: Perspectives from Law, Finance and Computer Science. 2016. DOI: 10. 2139/ss-

rn. 2786972.

[11] Don T, Alex T. Blockchain Revolution: How the Technology Behind Bitcoin Is Changing Money, Business, and the world. 2016. https: //librarycatalogue. insead. ed – u/cgi – bin/koha/opac – detail. pl? biblionumber =8341.

[12] Vishva N P, Chhayaben N P. Blockchain Technology: An Aid to the Governance of Smart Cities [C]. Conference paper, First Online: 26 June 2019, Part of the Advances in Intelligent Systems and Computing book series (AISC, volume 933).

[13] Zhu H, Zhou Z Z. Analysis and outlook of applications ofblockchain technology to equity crowdfunding in China [J]. Financial Innovation, 2016, 2 (1): 29 – 39.

[14] Kube N, Daniel D. Blockchain basics: a non – technical introduction in 25 steps [J]. Financial Markets and Portfolio Management, 2018, 32 (3): 329 – 331.

[15] Shedroff N. Self – Managing Real Estate [J]. Computer, 2018, 51 (1): 104 – 104.

广西“康养＋运动”产业融合发展的可行性研究*

刘倩倩

（广西财经学院　工商管理学院，广西　南宁　530033）

摘　要：本文深入分析了“康养＋运动”产业融合的必要性，并以广西为例，对广西运动产业的发展情况做了全方面的分析，并对广西“康养＋运动”产业融合进行了SWOT分析，提出了广西“康养＋运动”产业融合发展解决路径，以期推进广西“康养＋运动”产业融合的进一步发展。

关键词：康养　运动　产业融合

［**中图分类号**］F427　［**文献标识码**］A　［**文章编号**］（2020）01－0152－07

一、研究背景

“康养”是指一种贯穿于各种生产和消费活动中的理念。康养产业的发展是为了实现从物质层面到精神层面的养护，实现生命向各个不同层面的的扩展。把康养与运动产业实现融合，是为了实现传统运动产业向更高阶段的发展。传统运动产业通过与“康养”的渗透、延伸和重组，形成了“康养＋运动”产业，它更多地强调运动的社会性、广泛性和全民性，满足群众日益增长的运动需求。在人们对于美好生活的期待日渐增长的背景下，实施运动产业与康养元素深度融合，为广大民众提供全方位、全周期的康养服务已经迫在眉睫。

同时，随着运动产业自身价值和影响力的不断提升，为融入康养元素提供产

*［基金项目］广西财经学院海上丝绸之路与广西区域发展研究院课题经费支持项目“广西‘康养＋运动’产业融合发展研究”（2019YB017）。

［作者简介］刘倩倩，女，广西北流人，广西财经学院工商管理学院讲师，研究方向：大健康产业发展，企业管理等。

业支撑，依托产业融合创新运动服务项目和产品，从而实现康养产业与运动产业的互动融合发展。

广西将加快推动大健康产业与体育运动产业的融合发展，立足广西的区域优势和生态优势来更好地规划健康养老、健康运动等项目，积极培育体育新业态。

二、广西运动产业发展现状

（一）广西基层全民健身设施完善

近几年来，广西壮族自治区人民政府共筹集8.5亿元资金用于城乡基层体育设施的改善，共建设了5360个（套）健身场地和健身设施，并通过扶持当地体育产业发展，加大体育对口帮扶工作，包括支持54个贫困县建设体育设施4.79亿元，设立将近2000个体育惠民设施。

广西壮族自治区人民政府这一举措，不仅完善了基层体育基础设施，还能让民众把健身融入到生活、工作以及学习当中去，形成了一个全民健身的优良氛围，有利于实现民众体育的蓬勃发展，从而逐步增强人民身体素养。

（二）推进体育场馆免费或低收费开放

2016年以来，广西壮族自治区人民政府共申请到3.3635亿元资金用于补助各大型体育场馆免费或低收费向社会开放。其中，2019年中央共补助资金0.92亿元，用于支持广西城乡86个大型体育场馆免费或低收费开放，较2019年增加了6个。体育场馆免费或低收费开放极大地降低了群众的入馆门槛，有力地促进了群众体育运动的普及，同时也极大地丰富了民众的业余生活。

（三）精心打造国际性体育精品赛事

近年来，广西提出打造面向世界的中国—东盟区域重要赛事中心。为此，自治区人民政府不断加大了国际性赛事的引进力度，先后打造了一系列有影响力的国际性体育赛事。其中，2019年连续举办了苏迪曼杯世界羽毛球混合团体锦标赛、“中国杯”国际足球锦标赛、环广西公路自行车世界巡回赛等国际顶级赛事，这些国际赛事不仅提升了广西体育运动在国际上的影响力，同时也获得了体育运动产业企业对广西体育运动产业发展的关注与投入。截至2019年底，广西健康运动产业重点项目库中已有91个项目入库，预计总投资达497.72亿元。其中，李宁集团—广西供应基地已于2019年正式启动。

（四）打造本土“体育+”产业发展

广西还结合本土传统体育特色，不断创新打造本土体育特色活动，近年来，结合白裤瑶族群众热爱民族体育的传统，创新性地打造“歌娅思谷民族体育运动基地”，该基地是集“体、旅、文、商、农”多产业融合发展的示范基地。

此外，广西借助体育赛事平台，通过举办“体育+”系列赛事、活动，促进体育产业与其他产业的深度融合发展，助力产业发展和脱贫攻坚。并且，通过开展例如百县千乡活动、百万群众健身走活动等系列全民健身志愿者服务活动，引导和带动群众参加各类体育活动，让全民健身朝着多层次、多样化的方向发展。

（五）加强与主流媒体合作，动员各类媒体参与宣传全民健身

近年来，广西举办的各类体育运动吸引了各大主流媒体的关注，我区全民健身在各类媒体上发布的信息量正逐年增加。其中，2019年格力—环广西公路自行车世界巡回赛在6天的比赛中在新浪微博的阅读量就达到6亿人次之多，抖音平台的播放量也超过了1亿人次。同时，这也带动了本地民众参与体育事业的热情。

在各种因素的不断推动下，广西体育产业的发展得到不断的推进，广西民众对康养运动的认知不断地加深。

三、广西“康养+运动”产业融合发展的SWOT分析

本文采用SWOT分析法，对广西“康养+运动”产业融合发展的内部优劣势及外部环境进行分析，进而挖掘广西发展“康养+运动”产业融合的机遇与挑战。

（一）优势

1. 广西具有良好的生态区位优势

广西有着惊叹世界的喀斯特地貌、风光秀丽的北部湾海域等。这些良好的生态环境、丰富的的资源以及得天独厚的自然条件都利于康养与体育运动的融合。

近几年来，依托于各地自然生态资源的优势，培育打造出一批本土特色鲜明

的体育产业示范项目，促进体育产业集群化发展。其中，2019年起广西共发展了5个星级山地运动、，5个广西航空体育飞行基地，1个广西体育产业示范基地，2个广西体育产业示范单位，7个广西体育产业示范项目，4个广西体育特色小镇培育项目，“康养+运动”的产业发展得到进一步加强。

2. 广西具体良好的地理区位资源优势

广西在地理区位上是唯一与东盟国家海陆相连省份，这也使得广西与东盟国家间在文化和体育等方面一直保持着密切的合作和交流，这也是广西打造面向东盟的区域体育赛事中心的重要基础。2019年国内首创“一带一路”国际帆船赛的成功举办得到了“一带一路”沿线国家乃至国际社会的广泛认可，广西在东盟区域赛事中心的地位得到不断提升。

3. 广西城乡居民健康运动消费意识在不断提升

随着广西城乡居民健康意识的不断增强，以及体育产品和体育项目市场化的不断深入，广西居民对体育产品和体育项目的消费在消费总支出中的占比逐年提高。

（二）劣势

目前，广西的经济发展和城市化步伐还略滞后于东中部地区，康养运动的基础设施还存在诸多短板。

一方面，康养设施城乡不协调，更多的体育运动设施集中在城市，县级以下的基础体育运动设施相对缺乏。

另一方面，康养人才短缺，与其他区外发达地区相比，广西的经济相对薄弱，人才引进政策的强度和力度都弱于周边省份，使各领域优秀人才流入广西相对困难，这其中就包括康养运动方面的技术和服务管理人才。

（三）机遇

2019年，广西壮族自治区人民政府发布《关于加快大健康产业发展的若干意见》（桂政发〔2019〕33号），提出了广西发展大健康产业的总体思路和战略目标，提出分两步走的战略目标。第一步是到2021年，广西要基本形成4个100大健康产业支撑体系，包括100个特色小镇、100个重点项目、100个示范基地和100个龙头企业，从而初步形成覆盖全生命周期的大健康产业体系。第二步是到2025年，通过不断健全和完善大健康产业体系和产业布局，增强该产业的核心竞争力，使其市场竞争力和影响力居全国前列，并且，大健康产业产值在国民经济中的比重大幅提升，把广西打造成为国内一流、国际知名的宜居康养胜地。

广西这一举措既表明了广西发展康养产业的重大决心，也为康养产业融合发展指明了方向。

（四）挑战

在近些年的发展中，区内外各地在康养运动方面都开展了一些有益的探索，取得了一定的成绩，如攀枝花市建设国际阳光康养旅游，将国际冬训与康养、体育制造相结合；衢州打造森林康养等。可以说，康养运动已日益受到各地方政府的重视，康养运动产业也逐渐走向发展的快车道。相较其他省份而言，广西康养运动起步较晚，如前所述，2019 年广西壮族自治区人民政府才正式出台鼓励康养运动的政策文件。同时，广西康养资源开发还处于刚起步阶段，资源条件的有限性都约束着开发的广度和深度，也存在各地康养产业结构趋同、产品同质化及同业无序竞争等问题，如广西已建立森林康养基地 35 个。

四、广西“康养 + 运动”产业融合发展的解决路径

（一）找准定位，推动本土原创体育赛事和体育产业集群发展

广西柳州是传统的体育之乡。在一些竞技性体育项目和民族传统体育项目上，广西有较为庞大的群众基础，如体操、足球、篮球、羽毛球、乒乓球等体育项目，群众有效需求是打开体育市场的重要基础，可以选择广西民众参与性较好、观赏性较强的体育运动项目为突破口，打造一批集娱乐功能、商业价值和表现形式于一体的体育竞赛表演项目，以打造国家冬训营为抓手，引进国际高等级体育赛事为突破口，以体育赛事和体育表演为龙头，带动有关体育衍生产品的开发，逐步形成以体育竞赛为核心的产业集群。

同时，在政策上要鼓励社会力量参与体育赛事投资、运营，创新在体育赛事领域的社会资本 + 公共投资的运作模式，并且，要积极利用新一代信息技术，引进国内成熟的网络体育平台，加大对广西体育赛事的宣传力度，提高群众参与度，打造具有壮乡文化特点、凸显生态优势的原创体育赛事品牌。

（二）培育康养新兴业态

1. 结合互联网、5G 技术，培育运动康养产业新兴业态

在国际大型赛事资源非常有限的情况下，广西通过举办国际有影响力赛事的

方式带动群众参加体育活动，进而拉动周边产业发展的模式不可持续。因此，扎根广西的区域和民族特色，结合群众喜闻乐见的体育运动需求，营造特色鲜明的全民参与式体育赛事更符合广西的现状。但是，传统的群众体育传播范围窄、群众关注度低，必须结合新一代互联网技术的发展，打造广西体育品牌，吸引群众参与、关注，并加大民间体育健将的宣传，营造本土体育偶像，打通体育与娱乐、体育与康养的渠道。

2. 培育“康养+运动”产业市场

鼓励各地根据自身资源禀赋优势，打造适合不同人群的特色运动品牌，用好广西的养老资源、滨海资源、森林资源、旅游资源等康养资源，通过以地方康养资源与运动的深度融合，逐渐形成有地方特色的“康养+运动”品牌。

（三）打造品牌体育赛事活动基地

打造南宁马山攀岩基地、广西大明山山地户外运动基地、桂林阳朔攀岩基地、百色乐业山地户外运动基地等一批山地户外运动营地。积极引导旅游景区和度假区、乡村特色体育小镇、森林公园、农业示范区、国有林场等规划建设户外运动场地设施，打造户外休闲运动营地，努力打响广西“绿色生态运动”品牌。

打造北海帆船运动基地、柳州百里柳江水上运动基地、防城港滨海水上运动基地、桂林资源漂流运动基地、梧州水上运动基地、河池都安洞潜运动基地等一批水上运动基地，建设水上运动设施。

加强建设横县六景霞义山航空飞行营地、广西吉航航空飞行营地、广西大明山滑翔伞基地、阳朔燕莎航空运动基地、钦州望海岭国际滑翔伞基地等航空体育飞行基地，支持钦州市建设中国—东盟风筝基地。

继续引进国际重大赛事，同时办好本土精品赛事。一方面继续办好环广西公路自行车世界巡回赛、“一带一路”国际帆船赛、“中国杯”国际足球锦标赛、“丝路杯”中国—东盟乒乓球赛，加快建设面向东盟的重要区域赛事中心。另一方面，注重本土精品体育赛事的挖掘。办好2020年资源漂流世锦赛，举办南宁、桂林、防城港、贵港、百色等国际马拉松赛。

（四）开展以广西为中心的国际健康运动交流合作

强化以“中国—东盟”为主线的体育对外交流合作。建立完善广西与东盟国家体育交流合作机制，重点开展体育赛事、文化、人才、旅游、传媒、科研等方面的交流合作。吸引国内外体育知名品牌、体育行业协会、国际体育组织进驻广西，建设体育训练培养基地、人才培训和信息交流基地和中心等一批中国—东盟体育对外交流合作平台。

参考文献

[1] 广西体育旅游产业日趋壮大 [N]. 广西日报，2018-11-30.

[2] 广西全民健身与行业“八大融合”获好评 [N]. 广西日报，2019-03-29 (03).

[3] 我叫北海，请跟随这 70 年的辉煌足迹认识我！[N]. 广西日报，2019-05-21.

高教研究

东盟国际会计人才培养现状与改革措施研究*

——以广西财经学院为例

熊方军 许 伟

（广西财经学院 会计与审计学院，广西 南宁 530003）

摘 要：随着“一带一路”项目的深入开展及中国—东盟自贸区的成立，面向东盟培养合格的国际会计人才就显得尤为重要。本文以广西财经学院为例，从本科生、研究生两个阶段研究了广西财经学院面向东盟国际会计人才培养的现状与不足，并对不足之处提出相关的改革措施。本文认为，要想面向东盟培养出合格的国际会计人才，不仅要有体现东盟特色的人才培养方案，而且还要有满足教学需求的师资队伍及科学的教学质量管理措施。

关键词：一带一路 东盟 国际会计人才 广西财经学院

［**中图分类号**］F230 ［**文献标识码**］A ［**文章编号**］（2020）01－0141－11

一、引言

“一带一路”是中国应对经济与贸易全球化的重要举措，随着“一带一路”项目的深入开展，不同国家企业间经济贸易往来越来越频繁，这使“一带一路”背景下培养国际化会计人才成为未来的一种趋势。在中国“十三五”规划的大

* ［基金项目］广西壮族自治区重点教学改革工程项目“‘一带一路’背景下面向东盟国际会计人才培养模式研究与实践”。

［作者简介］熊方军，男，湖南省澧县人，广西财经学院讲师，审计学博士，研究方向：舞弊审计与绩效审计；许伟，女，安徽铜陵市，广西财经学院硕士研究生，研究方向：绩效审计。

背景下，中国与东盟各国的交流与合作越来越多，由于广西壮族自治区特殊的地理位置，加大了与东盟产业园的合作力度，东盟各国的企业都愿意选择广西壮族自治区进行投资。随着社会经济的发展，广西与东盟之间的贸易额得到了快速增长，东盟已连续多年成为广西第一大贸易伙伴和第一大出口市场，国家也加快了北部湾的经济开发。这就要求广西壮族自治区要在“一带一路”的背景下面向东盟培养出符合国际化的会计人才。

广西财经学院是广西壮族自治区的一所普通高等财经大学，在东盟国际会计人才培养方面做得较好。因为这所学校在会计本科阶段专门设置了面向东盟的国际会计实验班，而且会计专硕的教学中也向这个方面有所倾斜。广西财经学院是国内少有的专门培养东盟国际会计人才的高等学校，因此，以广西财经学院为例来研究东盟国际化会计人才的培养现状并提出相关的改革措施，无论在理论上还是在实践上都具有一定的参考价值。

二、文献回顾

文献回顾主要从国际会计人才培养研究、“一带一路”背景下国际会计人才培养以及面向东盟的国际会计人才培养研究三个方面来进行。

近几年，我国学者对国际会计人才培养模式研究的较多（田园、王沁文，2019；杨继杰，2020；周守亮、冯时，2018；蒋欣、兰姣，2018；王丹舟、郑婕颖，2012）；对国际会计人才培养导向的会计实践课程与质量保障体系研究相对较少（田翠香、李宜，2019；李继志、邓美云，2017）。也有部分学者对“一带一路”背景下国际会计人才培养的内涵、现状及成因、培养体系、培养路径与策略进行了研究（谢红梅，2019；方文彬、王玉顺，2018；刘冠岐、易爱军、刘子靖；2019；钱秋如、易爱军、张劲琦，2019）。

中国还有一些学者对于东盟国际会计人才培养进行了研究。如：以东盟国际会计人才培养创新实验班为例，提出了区域性会计人才培养模式（李家瑗，2009）；面向东盟，从人才培养目标及规格、课程体系和教学内容、管理制度、培养途径及评价方式等方面进行了一系列改革探索和实践，初步形成特色鲜明的“专业＋综合＋双外”区域国际化会计人才培养模式（席鸿建、夏飞、廖玉，2012）；伴随着广西对外东盟各国的投资量的不断攀升，被视为面向东盟的桥头堡智力库的广西高校，不仅需要立足地方区域，而且更需要面向东盟培育国际会计人才（黄俊霖，2017）；也用少数学者认为在“一带一路”背景下广西高校应当培养面向东盟的国际化会计人才（黄俊霖、许少千、韦鑫，2019）。

通过对相关文献的研究，可以得出关于国际会计人才培养研究的内容主要表现在国际会计人才培养的模式、实践课程与质量保障体系等方面；关于“一带一路”背景下国际会计人才培养研究的内容主要表现在国际会计人才培养的内涵、现状及成因、培养体系、培养路径与策略等方面；关于面向东盟的国际会计人才培养的研究主要体现在针对广西壮族自治区的特殊地理位置，认为广西壮族自治区应当培养区域化的国际会计人才，并提出相关的区域化人才培养目标、模式等，这样将有利于广西壮族自治区与东盟各国的经济贸易的发展。但对于面向东盟国际会计人才培养现状、人才培养目标与模式等没有进行分类细化研究。本文对于东盟国际会计人才培养的研究将以广西财经学院为例，对该校东盟国际会计人才培养从两方面来进行分类研究，一方面是从本科阶段来研究东盟国际会计人才的培养现状与改革措施；另一方面是从研究生阶段来研究东盟国际会计人才的培养现状与改革措施。

三、广西财经学院东盟国际化会计人才培养的现状

（一）东盟国际会计实验班（本科）会计人才培养现状

1. 东盟国际会计实验班的设置

2007 年，广西财经学院“东盟国际会计人才培养创新实验区”获教育部人才培养模式创新实验区建设项目立项。一直以来，东盟国际会计实验班坚持以培养具有东盟国际会计理论、熟悉东盟各国的经济贸易规则、掌握东盟一国语言并掌握该东盟国会计法律规范、会计制度和财务管理知识的会计专门人才为目标。创新人才培养模式，实践教学与理论教学并重。在全校公开选拔优秀学生加入，东盟国际会计实验班迄今为止共招收了 11 届学生。

2. 东盟国际会计人才培养目标与能力要求

（1）培养目标。

东盟国际会计实验班会计人才培养目标：本专业培养德、智、体、美、劳全面发展，系统掌握会计基础理论、企业管理和经济法律相关知识，具有实践能力、创新能力和创业能力，掌握会计、审计、财务、金融等方面的基本技能，熟悉东盟国际会计理论、东盟自贸区规则、掌握东盟国一语种及中国与东盟国的会

计法律法规、会计制度和财务知识，能够熟练应用外语和计算机的应用型人才。毕业生能在中国和东盟国家政府机关、社会团体、公司企业、事业单位等从事财务会计相关工作。

（2）培养能力要求。

东盟国际会计实验班会计人才培养的能力要求有：具有良好的职业道德操守和人文素养；有扎实的基础理论知识、较强的专业技能和创新能力，掌握管理学、经济学的基础理论和基础知识，掌握会计特有的定性与定量分析方法，熟悉与本专业有关的法律法规，了解本学科的理论前沿和发展动态；有熟练运用东盟国家会计法律规范、会计准则和财务管理知识的能力；具有较强的会计实践能力，能够胜任经济活动过程中各种业务的会计核算；具备筹资、投资、预算绩效、税务筹划、内部控制等较强的财务管理、管理会计方面的能力；具有较强的语言与文字表达、人际沟通、写作、调查研究等分析解决实际工作问题的能力；具有熟练运用外语和计算机的能力。

3. 东盟国际化会计人才培养的特色

（1）双外语特色。

以英语为主，同时掌握一门东盟国家语言，具体来说要掌握一门泰语或越南语。英语过 6 级的同学在毕业当年达到 60% 以上；英语过 4 级的同学达到 100%；越泰语掌握基本会话和能阅读相关经济文书和资料。

（2）双专业特色。

会计专业知识为主，东盟经济贸易知识为辅（东盟国的税收、金融、东盟自由贸易区规则等）。

（3）高塑性特色。

满足学生毕业后的工作或考研等个人发展的需求。

4. 东盟国际会计人才培养的培养模式

东盟国际化会计人才培养的培养模式主要表现在管理运行“六制”的创新。这六个制度分别是双优制、导师制、激励制、务实制、访学制以及毕业推介制。①双优制：指实验班要选择好的学生和好的教师。②导师制：3—6 位学生配备 1 名导师，实现因材施教和个性化培养。③激励制：每年奖励品学兼优的学生。④务实制：侧重于应用型的专业知识培养方式。⑤访学制：专门派学生到东盟国家进行为期 5 个月访学活动。⑥毕业推介制：引进企业开招聘会；带学生到企业开座谈会；由导师进行推荐到单位就业或实习；学校与企业搭桥，鼓励部分毕业生与东盟国企业签署委培书等，促进学生就业。

5. 东盟国际会计人才培养的课程体系

东盟国际会计人才培养的课程体系主要表现在“三强化，一兼顾”。①三强化：课程设计上强化了对工具运用能力、数理分析能力、专业动手能力的培养。工具运用能力包括语言沟通和交流、现代会计管理使用计算机等方面；数理分析能力主要增加了数学建模、数理统计；专业动手能力除各种社会实践外，还安排了较多的第二课堂活动。②一兼顾：兼顾学生个性化发展的选择。安排学生到东盟国访学，参加社会实践，导师带领学生进行课题研究等。

6. 课程体系中东盟课程的设置

在东盟国际会计实验班的专业教学计划表中可以看到：“基础泰语（1）”“基础泰语（2）”“泰语（马来语）听说训练”这三门东盟课程设置在理论课程的专业基础课里面；“东盟会计与财务”设置在理论课程的专业主干课程里面；“东盟国家文化概况”“中国东盟税制比较”“东盟国家财政与金融”“东盟国家投资与贸易”设置在选修课程的专业限选课程里面。

7. 东盟国际会计人才培养取得的成效

（1）毕业生就业质量高。

东盟国际会计实验班每年毕业生的就业质量都比较高，特别是2013年和2014年。其中，2013级东盟实验班就业率达到100%，就业于行政事业单位、国企、银行、外企等，有2名同学进入中国驻泰国光伏太阳能集团有限公司从事会计职业，一名同学进入广西北部湾航空公司（驻外代表处）从事驻外代表工作。升学率方面，7名同学继续深造读研，比率为14%，其中有2名同学考入泰国国家排名第一的会计学硕士专业和英国诺丁汉大学经济学硕士专业。2014级东盟实验班就业率达到100%，就业于行政事业单位、国企、银行、外企等，6名同学前往越南、柬埔寨的大型跨国集团如狮丹努集团、北部湾航空等集团就业，跨国就业人数占比10%，月薪最低7500元/月，就业前景良好；12名同学继续深造读研，比率为20%，国内：1人考上暨南大学，1人考上江西财经大学，2人考上广西大学，6人考上广西财经学院，国外：1人考取全球QS排名295，亚洲排名55的泰国玛希隆大学，1人考入澳门城市大学。

（2）学生个性化发展显著。

学校组织学生开展各赛事，如参加数学建模大赛、大学生英语竞赛、创业计划大赛、课外科技作品大赛（社会科学类）、艺术类比赛、会计系“菁英会计”大赛、广西高校大学生泰语演讲公开赛等；鼓励学生参加社会职业技能考试，如会计从业资格考试、注册会计师考试、防伪税控考试；组织学生参加第二课堂活动，如参加学术报告、专家学术讲座、会计系学生学术论文研讨会、会计沙龙等；组织参加各项社会活动，如参加社会调查报告、社会实践活动、东盟博览会志愿者活动、黄丝巾志愿者活动，到会计师事务所实习，到各企业参观学习等。

（二）会计专硕（研究生）东盟国际会计人才培养现状

1. 东盟国际会计人才培养目标与要求

（1）东盟国际会计人才培养目标。

培养具有较强发现问题、分析问题与解决问题能力的高素质、应用型、国际化会计专门人才。

（2）东盟国际会计人才培养要求。

东盟国际会计人才培养的要求是：具有良好职业道德、进取精神和创新意识；具有较强的业务能力，能够熟练运用现代会计、财务、审计及相关领域的专业知识解决实际问题；具有从事高层次会计管理工作所必备的国际视野、战略意识和领导能力；熟练掌握和运用一门外国语言。

2. 东盟国际会计人才培养的方向

广西财经学院在会计专硕下设置了一个企业财务与会计方面（以下简称“CFO”方向），然后在这个方向下设置了东盟国际会计子方向。

3. 课程体系中东盟课程的设置

东盟国际会计准则设置在CFO（东盟国际会计）子方向的限选课里面；东盟国家会计与投资、东盟国家税制比较设置在任选课里面；东盟经济概论、电子商务与东盟贸易、境外与东盟投资、东盟商法、中国—东盟会计比较等课程设置在自修课里面。

4. 面向东盟国际会计人才培养的学习与交流

会计专硕研究生几乎每年都与国家会计学院的东盟会计研究生班进行为期一周的学习与交流；广西财经学院也经常派研究生到东盟各国学习与交流。

5. 东盟国际会计人才培养取得的成效

由于2018年会计专硕下设置了企业财务与会计（东盟国际会计）子方向，学校一年仅招100多位会计专硕的研究生，所以目前这个子方向毕业的研究生较少。

总体来说，广西财经学院东盟国际会计实验班在过去几年里还是办得比较成功，在广西壮族自治区乃至全国都是一个典范。只是近两年来出现了报考人数与招生人数都在下降的趋势。会计专硕（研究生）面向东盟国际会计人才的培养还处于一个起步阶段，只是在2018年才增设了企业财务与会计（东盟国际会计）

子方向。

四、广西财经学院东盟国际会计人才培养存在的问题

（一）东盟国际会计实验班（本科）会计人才培养存在的问题

虽然广西财经学院东盟国际会计实验班（本科）人才培养目标与能力要求与面向东盟国际会计人才培养的目标与能力要求是相符的，但东盟国际会计实验班在培养面向东盟国际会计人才方面还存在以下问题：课程体系设置不合理；与东盟各国交流学习效果欠佳；师资力量不够；近段报考、招生人数在减少。

1. 课程体系设置不合理

专业主干课程里面只有“东盟会计与财务”一门课程；其他的东盟课程，如：“东盟国家文化概况”“中国东盟税制比较”“东盟国家财政与金融”“东盟国家投资与贸易”这四门课程设置在专业限选课程里面；在东盟语言方面，只设置了泰语、马来语，其他东盟国家的语言都没有开设；没有东盟国际会计的实训课。因此，东盟国际会计实验班的课程设置只是在广西财经学院普通会计学专业的基础加上了些东盟财经、文化、语言方面的课程，难以真正体现东盟特色。通过东盟国际会计实验班设置课程的学习，难以达到东盟国际会计（本科）人才培养的目标与能力要求。

2. 与东盟各国交流学习效果欠佳

东盟国际会计实验班，一般只有三个月至半年的时间去东盟国家（泰国与越南）交流学习，这也包括实训方面的内容。但是由于近年来有些学生的东盟语言水平不够，没有达到人才培养方案中所规定的能力要求，导致到东盟交流学习的效果并不是很好。

3. 师资力量不够

目前，东盟国际会计实验班主要由会计与审计学院负责，能够教会计的中国教师非常多，但能够教授东盟会计系列方面知识的教师或懂东盟国家语言的教师较少。当然，国际教育学院有少量的东盟教师，可以进行资源调配，但这样教师的数量与东盟国际会计实验班对东盟教师的需求的差距还是很大的。

4. 近段报考、招生人数在减少

东盟国际会计实验班已经招收了11届学生了，以前年度报考的人数较多，也取得过好的教学效果。但近年来报考的人数在减少，招收的学生也在减少，由

以前一个班60人，降为现在一个班40人。这说明现在东盟国际会计实验班有进行改革的必要，否则，这个项目可能有失败的风险。

（二）会计专硕（研究生）东盟国际会计人才培养存在的问题

会计专硕（研究生）东盟国际会计人才培养存在的问题主要有：培养目标和能力要求未能体现面向东盟；课程体系设置不合理；师资力量不够；投入力度不够。

1. 培养目标和能力要求未能体现面向东盟

广西财经学院虽然在会计专硕（研究生）方向上设置了企业财务会计（东盟国际会计）子方向，也设置了一些东盟会计方面的课程。但会计专硕的人才培养目标和能力要求各个方向是统一的。从培养目标和能力要求上看根本体现不出企业财务会计（东盟国际会计）子方向是面向东盟培养国际会计人才的。

2. 课程体系设置不合理

企业财务会计（东盟国际会计）子方向的主干课程中没有涉及东盟会计、财经、法规等课程；而只是在限选课中设置了一门“东盟国际会计准则”课程；其他几门涉及东盟财经、法规之类的课程都设置在任选课和自选课里面，这完全体现不出东盟国际会计人才培养的特色。

3. 师资力量不够

广西财经学院在东盟国际会计实验班的会计人才培养方面都缺乏东盟会计与语言方面的师资，在研究生方面也同样存在这样的问题。

4. 投入力度不够

会计专硕2012年课程体系设置中自选课就有了“东盟经济概论”“电子商务与东盟贸易”“境外与东盟投资”“东盟商法”“中国—东盟会计比较”这几门课程；但是到现在也只是在课程体系中增设了东盟国际会计培养的子方向，而在这个子方向中只增设了“东盟国际会计准则”“东盟国家会计与投资”“东盟国家税制比较”这三门课程。可见，会计专硕在这几年中关于东盟国际会计人才培养的投入是不够的。

五、广西财经学院东盟国际会计人才培养改革措施

针对广西财经学院东盟国际会计人才培养中存在的问题，本文提出如下改革措施：

（一）针对东盟国际会计实验班的改革措施

1. 设置合理的课程体系

专业主干课程里面应该适当多设置一些有关东盟会计、财经、法规、文化方面的课程。把原主干课程中的一些中文会计、财经类的课程放到限选课里面去。除了开设泰语、越语及马来语外，还应增设其他东盟国家的小语种以供学生学习。在课程体系中增设"东盟会计实训"相关的课程内容。

2. 要加强东盟语种的教学

要求学生在校学习期间必须学习英语和一门东盟语，而且必须要达到规定的水平，方可出国交流学习。否则，出国交流学习难以达到预期的效果。

3. 大力招聘所需的东盟教师

"重赏之下，必有勇夫"。相信只要肯出钱引进人才，一定可以引进优秀的东盟教师，最好是引进至少懂一门东盟语和中文的双语教师，而且每个东盟国家的语言都要有相应的教师教学。

4. 加强教学质量的提升

质量是生存的关键。所有东盟国际会计实验班任课的教师，必须对其教学质量严格把关，并且教学效果与其薪酬挂钩，教得好一定要有奖励；教得差的教师也应当有所惩罚。另外，对于学习好的学生，应当有所激励。

（二）针对会计专硕（研究生）东盟国际会计人才培养的改革措施

1. 明确教学目标与能力要求

目前，从会计专硕人才培养方案中的培养目标和能力要求中根本看不出有企业财务会计（东盟国际会计）这个子方向。所以，应当参考东盟各国，特别是离广西比较近的越南、泰国等国的会计研究生的人才培养方案来制定企业财务会计（东盟国际会计）这个子方向的培养目标与能力要求，或在会计专硕的人才培养方案中有所体现。

2. 招收的学生本科所学专业必须属于会计专业

在会计专硕中把入学前本科专业是会计专业的学生放到企业财务会计（东盟国际会计）子方向中。这些学生本身掌握了一定的中国会计理论，不需要在研究阶段还学习那么多中国会计理论方面的知识。

3. 设置合理的课程体系

在专业主干课和专业限选课要多开设一些东盟会计、财经、法规、文化以及一些中国会计研究方法方面的课程，而在其他选修课和自修课里面开设一些中文会计以及其他方面的课程。

另外，和东盟国际会计实验班一样，会计专硕（研究生）东盟国际会计人才培养也要大力招聘所需的东盟教师，提升教学质量，具体要求和东盟国际会计实验班相同。

六、结论

文章对广西财经学院东盟国际会计实验班以及会计专硕企业财务会计（东盟国际会计）子方向面向东盟国际会计人才培养的现状、存在的问题以及改革措施进行了研究，认为要想面向东盟培养出合格的国际化会计人才必须要做到以下几点：

（一）人才培养方案要体现东盟特色

具体包括：人才培养的目标、能力要求以及课程设置要体现东盟特色，并且课程的设置要与人才培养目标、能力要求一致；另外，课程设置也要与时俱进，要根据社会需要进行调整，这样培养的会计人才才能符合社会的需要。

（二）要有教学所需的东盟籍（会计与语言）教师

东盟教师一般可以靠引进来解决，严格制定人才引进标准；引进人才需要大量的资金，这就要求要加大这方面的投入才行。

（三）加强对教学质量品牌管理

加强对教学质量品牌管理可以从教师和学生两个方面着手。对教学质量好的教师要进行奖励，对于教学质量差的教师也要有所惩罚；对于学生学习成绩好的，要在物质上和精神有所激励。

参考文献

[1] 田园，王沁文．国际化会计本科人才培养模式创新研究——以安徽财经大学 ACA 国际证书方向班为例 [J]．内蒙古农业大学学报（社会科学版），2019（11）：27－31.

[2] 杨继杰．会计教育国际化背景下高职会计专业的培养模式 [J]．中外企业家，2020（5）：212.

［3］周守亮，冯时．高校会计学专业硕士国际化人才培养模式研究［J］．现代教育科学，2018（1）：110－116.

［4］蒋欣，兰姣．基于SWOT矩阵模型的会计国际化本科人才培养战略与模式选择——以中南林业科技大学为例［J］．商业会计，2018（1）：120－122.

［5］王丹舟，郑婕颖．国际化会计人才培养本科创新实践——基于CIMA实践的调查分析［J］．财会通讯，2012（4）：29－30.

［6］田翠香，李宜．国际化视野下会计实践教学改革的调查研究［J］．中国乡镇企业会计，2018（1）：222－224.

［7］李继志，邓美云．国际化人才培养质量保障体系的构建与实施——以一般本科院校ACCA方向班为例［J］．商业会计，2017（9）：113－115.

［8］谢红梅．"一带一路"倡议下高职院校国际化会计人才培养策略［J］．吉林省教育学院学报，2019（2）：64－67.

［9］方文彬，王玉顺．"一带一路"倡议下国际化会计人才培养体系的构建［J］．河北地质大学学报，2018（4）：98－102.

［10］刘冠岐，易爱军，刘子靖．"一带一路"倡议下会计国际化人才培养路径研究［J］．才智，2019（7）：184－185.

［11］钱秋如，易爱军，张劲琦．"一带一路"倡议下国际化会计人才培养研究综述［J］．现代交际，2019（5）：16－17.

［12］李家瑗．对区域性会计人才培养模式的探讨——以东盟国际会计人才培养创新实验班为例［J］．广西财经学院学报，2009（2）：72－75.

［13］席鸿建，夏飞，廖玉．区域国际化会计人才培养模式改革的探索与实践［J］．高教论坛，2012（10）：3－6.

［14］黄俊霖．东盟国际会计专业教育教学改革对策研究——以广西财经学院为例［J］．商业会计，2017（6）：128－129.

［15］黄俊霖，许少千，韦鑫．"一带一路"背景下广西高校会计教育面向东盟国际化发展的现实困局与突围策略［J］．湖北开放职业学院学报，2019（7）：61－63.